JN147005

NHK
プロフェッショナル
仕事の流儀
6

食をささえるプロフェッショナル

編：NHK「プロフェッショナル」制作班

NHK プロフェッショナル 仕事の流儀 6

食をささえるプロフェッショナル

目次

はじめに 4

りんごは愛で育てる
りんご農家 木村秋則(きむらあきのり) 5

和牛の神様、愛情(あいじょう)の牛
肉牛農家 鎌田秀利(かまだひでとし) 41

それでも、海を信じている
カキ養殖
畠山重篤
79

探検こそが、人生を彩る
チーズ農家
吉田全作
117

開拓せよ、最強の一本釣り
カツオ漁師
明神学武
155

はじめに

このシリーズは、NHKで放送された番組『プロフェッショナル 仕事の流儀』を書籍にまとめなおしたものです。

番組では、さまざまな分野の第一線で活躍しているその道のプロフェッショナルたちの「仕事」をほり下げ、プロフェッショナルたちの仕事にのぞむ姿勢や、その生き方をつらぬく「流儀」を紹介しています。

6巻「食をささえるプロフェッショナル」では、農業や漁業などの食べ物をつくる現場で、人生をかけて仕事を続けている5人のプロフェッショナルたちが登場します。

プロフェッショナルたちの仕事にのぞむ姿勢や考え方をとおして、仕事の奥深さ、働くということの魅力、プロフェッショナルたちの生き方の流儀を伝えられればと思います。

ストーリーの最後には、プロフェッショナルたちの格言をのせています。プロフェッショナルたちのことばが、これからを生きるみなさんの道しるべになることを願います。

「食をささえるプロフェッショナル」編集部

りんごは愛で育てる

りんご農家
木村秋則（きむらあきのり）

農薬をつかわなければむずかしいとされる、りんご栽培。
ところが、農薬どころか肥料もあたえず
だれもが感動するおいしいりんごをつくる人がいる。
「かわいいねぇ」と、心底うれしそうにりんごを見つめるのは、
歯のない笑顔がトレードマークの自称「りんご手伝い業」。
そのりんごづくりは、いばらの道だった。
8年ものあいだ、実がなるどころか花も咲かない。
6年目、男は死のうと決めて山へ入る。
そこで命と引きかえにもらったこたえが、
奇跡のりんごを実らせた。
「主人公はよ、りんごの木なの」
苦しみの中でつかんだ信念とその仕事の流儀とは！

✳手間をかけた、魂のりんごづくり

早朝5時半、青森県弘前市のとある家に、コーヒーを飲みながら、テレビの天気予報を真剣に見つめる男の人がいます。

「今日は風がないな」

つぶやいたその人は、りんごを栽培している木村秋則さんです。青森県は、りんごの生産量日本一を誇る県。木村さんもそのりんごをつくるひとりですが、ほかの農家とは、つくり方がずいぶんとちがっています。

朝7時、木村さんは岩木山のふもとに広がるりんご畑に向かいました。2.4ヘクタールの畑に植えられているのは、600本のりんごの木。そのどれもが、たわわに実っています。

木村さんは、畑に入るやいなや、りんごたちに声をかけはじめました。

「よくがんばったよ」

木村さんは、実りをもたらしてくれたりんごの木に、感謝の気持ちでいっぱいな

笑顔の絶えない木村さん。りんごにもやさしく声をかける。

のです。

その日の作業は、りんごの実にかけた紙袋をはがすことからはじまりました。木村さんは、一つひとつの袋をていねいにはがしていきます。栽培中にりんごに袋をかける理由にはいろいろありますが、その肌を美しく保ち、きれいに色づかせるためというのもそのひとつ。時期が来たら袋を外し、太陽の光を当てて、真っ赤に色づかせるのです。

袋をかけることには、病害虫を防ぐという効果もあります。けれど、それをしても、りんごは病気や害虫にとても弱く、農薬をつかわずに栽培することは不可能だとい

農薬や肥料をつかわない木村さんのりんごは、「奇跡のりんご」とよばれる。

われています。

ところが木村さんは、化学的に合成された農薬や肥料をいっさいつかわずに、りんごをつくってしまうのです。

「何もほどこさないのに、よくこれほど大きくなっていくもんだな」

そう言って、愛おしそうにりんごを見つめる木村さん。その仕事は、ひとつの信念につらぬかれています。

育てない、手助けするだけ

「わたしはただ、りんごの木が育ちやすいようにお手伝いしているだけ。職業はりんご手伝い業だ」

木村さんはよくそう言って笑います。

木村さんの畑は、何年もの年月をかけてつくった、りんごが育ちやすい環境になっていました。

そのだいじな役目を担っているのが雑草です。木村さんの畑は、一面草がのび放題。いろいろな種類の草が、競うように生きています。そこには虫がたくさんいて、中にはりんごの木に悪さをする虫もいますが、その虫を食べる益虫もいます。虫だけでなく、よい菌もいれば悪い菌もいて、畑を草だらけにしておくおかげで生き物たちのバランスがとれているのです。

農薬は畑の害虫を殺す便利な薬ですが、それをつかうと、害虫を食べる虫もいっしょに死んでしまいます。それは、畑の生き物のバランスをくずすことにつながってしまいます。そこで木村さんは、農薬をまくかわりに、畑やりんごの木をよく観察して、そこに暮らす害虫と益虫のバランスに目を光らせているのです。

「わたしの栽培は、この目が農薬であり、肥料なんだ」

木村さんはそう言って笑いながら、害虫の卵を見つけて手でとりのぞきました。

ただ、虫や卵は目で見えますが、おそろしいのは目では見えない病原菌です。木村さんには、植物の病気からりんごを守るために、たよりにしているものがありました。

それは、米やトウモロコシを発酵させてつくったお酢でした。お酢には、わずかですが殺菌作用があります。木村さんの畑では、長いあいだ化学的に合成した農薬や肥料をつかっていないので、お酢の力でも、十分に病気を食い止められるのです。

木村さんは、大きな噴霧器にお酢を水でうすめて入れ、勢いよく噴射しました。そうして、りんごの木全体に洗うようにかけていきます。

雑草をのばし、できるだけ自然の状態に近づけている木村さんのりんご畑。

自分も体中にお酢をかぶりながら、1本1本の木にていねいにお酢をかけていく木村さん。600本全部のりんごにこの作業を終えたときには、5日もたっていました。

大変な重労働ですが、木村さんは、これを手作業でおこなっています。それには理由があるのです。

一般的なりんご栽培では、農薬をまくのに、「スプレーヤー」という大きな噴霧車をつかいます。それは車のようにタイヤがついていて、運転しながら畑を進む大型の機械です。手作業とはくらべものにならないほど早く仕事が済むので、農家はとても助かります。

でも木村さんは、噴霧車をつかう気にはなれません。重い機械が畑の中を動き回ると、畑の土をふみ固めてしまうからです。

スプレーヤーが入らない木村さんの畑は、手でかんたんにほり返せるほど、土がやわらかです。ほった土には、草が元気に根をはっていました。

「きっとりんごの根も、同じじゃないかな」

噴霧器で、りんごの木一つひとつにお酢をかけていく。

木村さんはそう思っています。

愛こそがすべて

たとえ作業が大変でも、効率より大切なのはりんごが喜ぶ土を守ること。自然に近づけた畑の環境が、りんごがもともともっている生きる力をひきだし、その実に自然の甘みを宿らせてくれるのだと、木村さんは考えているのです。

毎年9月に木村さんは、畑にはえているだいじな草を刈ります。

草がぼうぼうだと土の温度に変化がでないので、草を刈って地温を下げ、りんごの木に秋を教えるためです。畑のりんごは、原野にはえているりんごとはちがいます。目的は収穫。となると、そこは人間が手をかけないといけないのです。

袋を外されたばかりの青かったりんごは、秋の光を受けて、日一日と色づいていきます。ただこの時期、りんご農家には心配事もありました。

２００６年9月17日、その心配事がやってきました。強い台風が長崎県に上陸していたのです。

「こりゃ、相当強いよ」

テレビのニュースを見ながら、木村さんは表情をくもらせます。北上してきたその台風は、2日後、青森県にも接近。木村さんのりんご畑にも強い風が吹きつけました。たわわに実をつけた枝が、激しい風にゆさぶられます。

木村さんはとても心配しましたが、翌朝、りんごたちは、ほとんど落ちることなく無事に実っていました。

「だいじょうぶだった。よかった」

ほっと胸をなでおろした直後、木村さんはあるものに気づきました。

「それ、なんだ？」

1本のりんごの木が、折れていたのです。冬の豪雪で裂け目の入っていた枝が、台風の風にたえきれず裂けてしまったようです。

このままでは、折れた部分は数週間後には枯れてしまいます。手塩にかけたりんごは、木村さんにとって家族と同じ。見捨てることなどできません。

木村さんは、妻の美千子さんと力をあわせて、幹から裂けたその巨大な枝をおこし、支えをそえて地面からもち上げました。こうしておけば、数日でも長く生きられるでしょう。

処置を終えた木村さんは、腕をのばして、とれかけていたりんごを折りとり、両手のひらで包みました。

「すごいね！　かわいいな！　タンスに入れてしまっておこうかな」

木村さんは、天をあおいで大笑い。つやつやと輝く形のよいりんごには、すこやかな命があふれていました。

✳8年目のりんごの花

ひと仕事終えたお昼ごはん。木村さんは、大好物のメロンをおかずにごはんをかきこんでいます。

「うめぇ」

そう言う夫を見て、妻の美千子さんが笑います。

「最初はびっくりしたよ。メロンがおかずなんて」

夫婦は二人三脚で、30年以上ものあいだ、りんごづくりをしてきました。

その道のりは、けっして楽なものではありませんでした。ふたりが農薬も肥料もつ

木村さんにとって、りんごは家族の一員のようなもの。

かわないりんご栽培をはじめたのは、１９７８年。それから8年ものあいだ、りんごはまったく実らなかったのです。

木村さんは、農家の二男として生まれました。隣村のりんご農家へ婿養子にはいったのは22歳のときでした。それが、妻の美千子さんの家です。

その頃は、農薬や化学肥料をつかって大規模な農業をおこない、効率よくたくさん作物を収穫することがよいとされた時代です。木村さんも、そんな農業をめざしていました。

ところが間もなく、木村さん夫婦は体調をくずしてしまったのです。木村さんは、皮膚がただれて水ぶくれができ、肌の弱い美千子さんは、顔がただれ、ときには寝こんでしまうほど重い症状に悩まされました。原因は農薬でした。

そんなある日、木村さんは立ち寄った書店で、1冊の本と出会いました。

それは、『自然農法　緑の哲学の理論と実践』という本で、農薬も肥料もいっさいつかわず、イネやミカンを育てる農法について書かれていました。

木村さんはその内容に衝撃を受け、決めたのです。

「この方法でりんごをつくろう！」

さっそく農薬をつかうことをやめ、2か月がすぎた頃、畑に異変がおきました。りんご畑に、おびただしい数の害虫が発生。その上、細菌が原因でおきる病気が追い打ちをかけ、秋になると、すべての葉が落ちてしまいました。

木村さんは、それでもあきらめませんでした。

虫や病気を見つけると、その絵をかいて図書館へ行き、その名や習性、病気の特徴などを調べました。そしてあの本をくり返し読み、さらにほかの資料も読みあさって、さまざまな対処方法をためしたのです。

たとえば、ニンニク、牛乳、酢、黒砂糖、焼酎などの自然の材料をつかって、害虫や病気によいといわれる薬をつくることもそのひとつです。

ところが、ほかの作物には効果があるのに、りんごにはまったく効きません。1年たっても、2年たっても、実がなるどころか、花さえ咲かないのです。

りんごができないということは、それを売ってお金を得ることができないということです。木村さんの家は、りんご栽培で食べていくことができなくなりました。
木村さんは、生活費をかせぐために、夜になると町のキャバレーでお客をよびこむ仕事をはじめました。美千子さんは、食費を切りつめるために、食べられる草を畑でつんでそれで料理をしました。そして3人の娘は、ひとつの消しゴムを3つに分けてつかいました。
そうして4年がすぎました。りんごはまだ、実る気配すらありません。
木村さんの耳には、周囲からの悪口が聞こえてきます。
「こんなことをするなんて、ばかだ」
「かまど消しとは、口をきくな」
津軽弁で「かまど消し」とは、「破産をした人」のことです。かまどの火を消すとごはんを食べられなくなる。お金ばかりむだにつかって利益のないことをしていると、木村さんをあざ笑ったのです。
木村さんは、とうとう家族に言いました。
「もうやめようか……」

苦難の日々をすごした、当時の木村さん（左）と妻の美千子さん（右）。

父の弱音に、長女はこうこたえました。

「わたしたち、なんのためにいままでがまんしてきたんだ？」

木村さんの胸の中では、ふたりの自分が戦っていました。「もうあきらめろ」という自分と、「もう少しの辛抱だ」という自分。

その戦いにこたえをだせないうちに、雪が消えて春がきました。木村さんは美千子さんに言いました。

「もう1年やらせてくれ」

美千子さんは何も言いませんでした。

そして5年目には、とうとうりんごの木が枯れはじめました。

苦しみながら見つけたこたえは、岩木山の自然の中にあった。

6年目のある夏、木村さんは畑にひとり座って、思っていました。

「何をやってもダメで、なんでこんなことをはじめてしまったんだろう」

日が暮れて夜になると、木村さんの足は岩木山に向かっていました。家族に死んで謝ろうと、自ら命を絶つ覚悟だったのです。

死に場所を探して山の中を歩き回るうちに、木村さんの目の前に、とつぜんりんごの木があらわれました。目をこらしてもう一度見ると、それはドングリの木でした。枝ぶりがよく似ていたのです。

木村さんは、ふと思いました。

「どうして自然の木々は、農薬をかけていないのに、病気にもならず、害虫もいないのだろう……」

そして、そのドングリの根元をほってみたのです。その土はおどろくほどやわらかでした。それを手にして木村さんは、ハッとしました。

「これを再現しよう！　これを再現すれば、りんごはきっと実る！」

木村さんは家に帰ると、それ以来、りんご畑の草をのび放題にさせました。りんごを育てることより、あのやわらかい自然の土を育てることだけ考えたのです。

そうして7年目がすぎ、8年目の春がやってきました。

ある日、近所の知人が、木村さんのもとにかけこんできました。

「木村、畑を見に行ってみろ！」

そこには、白く可憐なりんごの花が、畑をうめつくしていたのです。真っ白な5枚の花弁。つぼみはほんのりと紅をさしたよう。

それは、木村さん家族が8年間どれほどまち続けたか知れない光景でした。

木村さんは、涙があふれて止まりませんでした。そして気づきました。

「花を咲かせたのは自分じゃない。りんごが自ら力をふりしぼって咲いたんだ」

主人公はりんごだ

その春以来、これが木村さんの信念となりました。その秋実ったりんごを見て、木村さんは思いました。

「ようやく、りんごの木が自分をわかってくれた」

木村さんはりんご畑でひとり、祝杯をあげました。そして、1本1本のりんごの木にも、「よくやったよくやった」と、お酒をふるまって回ったのです。木々の向こうでは、大切なことを教えてくれた岩木山

いまでも毎年春に花を咲かせる、木村さんのりんごの木。

が、静かに木村さんを見つめていました。

✳こたえはりんごに聞け

２００６年８月下旬、木村さんは岩手県の遠野市に向かっていました。訪れるのは２回目。この町に、りんごづくりを教えている人がいるのです。

「しばらくでした」

そう言って木村さんをでむかえたのは、佐々木悦雄さん。木村さんより３歳年上です。この年の春に木村さんに弟子入りし、農薬も肥料もつかわないりんご栽培に取り組んで半年になりました。

このとき佐々木さんの畑では、ちょうど異変がおきはじめていました。りんごの葉の色が茶色く変わって、落ちてしまうのです。

「これは、斑点落葉病ですね」

木村さんはそれを見るなり言いました。

「こっちは、うどん粉病だ」
佐々木さんは、急に病気が増えて葉っぱが落ちはじめたのだと木村さんに訴えました。
「それまでは元気もよくて、このままだと楽勝だなと思ってたのに」
佐々木さんは、かつて小さな建設会社の社長をしていました。景気が悪くて赤字が続き、社長の座をしりぞいたときに木村さんのりんごに出会い、りんごづくりに第2の人生をかけようと決めたのです。
「木村さんには肩書きはないけど、肩書きある人よりずっと真実みがあるし、訴えるものがある」
そう思って、懸命に木村さんの技術を学ぼうとしていました。
佐々木さんは、木村さんにまだ若いりんごの実についた黒い点々を見せます。
「すす病。これは、酢で十分死ぬの」
と木村さんは言いました。
「そうか。酢を散布するタイミングが悪かったのかな」

弟子入り１年目の佐々木さん。

「うん、そうだと思う」

病気の特徴や酢をまくタイミング、害虫の見分け方など、佐々木さんは早く技術を身につけて、病害虫を食い止めたいとあせっていました。

そのとき、突然、木村さんが地面にしゃがみ、雑草にふれながら言ったのです。

「佐々木さん、これ」

そして、そこにはえていた草をぬきました。

「スプレーヤーでふんづけたでしょ。何回？　１回、２回、３回、４回」

木村さんは、折れた茎の数で、大型の噴霧車のスプレーヤーが、ここを何度も走ったことを見ぬきました。

ばれてしまった佐々木さんは、頭をかきながら照れ笑いをしています。

「つかってました。楽だからね、1時間半で終わるから」

畑の土をふみ固めるスプレーヤーは絶対につかわないよう、木村さんはくり返し佐々木さんに指導してきました。でも、佐々木さんはそれを守っていませんでした。

木村さんはもう一度言いました。

「スプレーヤーがあると、まあ1回ぐらいはいいだろうと走るんですよ。本当はつかわせたくないの」

佐々木さんのりんご畑にも、６００本の木があります。その一つひとつに手作業で酢をまくのは、大変な作業です。

どの農家もつかっている便利なスプレーヤーをなぜつかってはいけないのか。佐々木さんにはよくわかりませんでした。

この半年、佐々木さんは、あまりに非効率な作業の連続に、日々とまどっていました。かけた手間に見合った成果がないのに、なぜそれをしなければいけないのかわからなかったのです。

木村さんは、弘前の自分の畑にもどって仕事を再開しましたが、心のどこかで、いつも佐々木さんを気にかけていました。

「自分が味わった苦しみは、味わわせたくないなぁ」

木村さんは30年かけてつちかったりんごづくりの方法を、だれかに聞かれれば、包みかくさず教えています。

けれど、いくら技術を教えても、それだけではりんごづくりはうまくいきません。そのことをなかなかわかってもらえないので、木村さんは、人にりんごづくりを教えるたびに、いつも同じむずかしさを感じていました。

スプレーヤーをつかえばすぐに作業は終わるが、畑の土をふみ固めてしまう。

9月半ば。遠野の佐々木さんの畑は、さらにひどい状態になっていました。病気が広がったことで葉はすべて落ち、枝にのこったりんごの実も、ほとんどが病気におかされてしまいました。

「弱い木ほど病気にも虫にも徹底的にねらわれている。弱い者いじめだ」

佐々木さんは落ちこみ、助けを求めて木村さんに電話をかけました。

「岩手の佐々木です。やはり葉の落下が激しくてですね……」

この状況に何か効果のある手だてはないかと、木村さんに対策をたずねました。

「酢をもう1回散布してください。なかったら、わたしが送りますから」

木村さんは、来年の実りのために、自分が送る酢を散布するようにと、佐々木さんに伝えました。そして、最後にこう言ったのです。

「スプレーヤーでもいいですから。手散布でなくてもいいから」

スプレーヤーはつかうなとなんども言っていた木村さんが、急につかってもいいと言いだしたのです。

佐々木さんは、そのことばをどう受けとっていいかわかりませんでした。
じつは木村さんは、そのことばに強い願いをこめていたのです。

心がなければ、続かない

スプレーヤーは能率もいいし、短時間で大面積をこなすいい機械です。でもそれをつかうと、りんごの木と土は喜びません。
「佐々木さんに、本当にりんごの木を救いたいという気持ちがあれば、手間はおしまないはずだ」
木村さんはそう思っていたのです。
苦しんでいるりんごの木を前に、それでもスプレーヤーをつかうようならば、佐々木さんはいずれりんごづくりに挫折する。もう一度りんごの木と向き合って欲しい。木村さんは、そう願っていました。
酢が届くまでのあいだ、遠野の佐々木さんは、酢の散布にスプレーヤーをつかうかどうか迷っていました。

その最中、思いもよらないことがおきました。病気のりんごの枝先に、花が咲きはじめたのです。

ふつうりんごは、春に花を咲かせます。それが9月に咲いたのです。

「桜の花には『狂い咲き』ということがたまにあるけれど、りんごで見るのははじめてだ」

佐々木さんはおどろきました。秋に花が咲いた枝には、来年りんごは実をつけません。

「何がここまでりんごの木をおかしくしたのか……」

佐々木さんは、木村さんのことばを思いだしました。

「こたえはりんごに聞け」

佐々木さんの頭に浮かんだのは、手間を惜しんで、りんごを大切にしなかった自分の未熟さでした。

「手ぬきしたんじゃ、やっぱりすぐあらわれるんだ」

かつてしていた建築の仕事でも、手ぬき工事をすればその結果はすぐにあらわれ

技術だけではりんごづくりはうまくいかない。木村さんは、佐々木さんにりんごともう一度向き合うことを願った。

ます。りんごも同じなのです。佐々木さんは、スプレーヤーにたよっていたことを反省しました。

木村さんから酢が届くと、佐々木さんはそれをりんごの木にまきはじめました。選んだのは、手作業。りんごの木に負担をかけないために、手間のかかる方法を選んだのです。

「みじめな状態になってるから、よけい元気な木にしたい」

佐々木さんは希望をもって、願いをこめながらりんごの木を酢であらっていきました。

10月1日。木村さんの畑では、真っ赤に色づいたりんごの収穫がはじまっていました。籠を手に、一つひとつ、ていねいに実をもいでいきます。

そこへ遠野から佐々木さんが訪ねてきました。

「佐々木さん、どうも。この前はありがとうございました」

「いえいえ、おしかけました、ははははは」

佐々木さんは収穫を手伝い、それが終わると、弟子入り1年目の感想を木村さんに話しました。

「りんごの結果にはがっかりしたけど、これが現実なのかな。自然農法の現実なのかなと思う」

笑っていても、やっぱり元気のでない佐々木さんに、木村さんは言いました。

「技術はよ、心が先にともなってから、あとからついてくるものですよ。主人公は、りんごの木なの」

「うん。うん」

佐々木さんは木村さんをまっすぐ見つめ、そのことばになんどもなんどもうなずきました。

包みをあけてとりだしたのは、9月に咲いてしまったりんごの小枝。そして、かろうじて収穫できたいくつかのりんごの実でした。木村さんは、佐々木さんのりんごの花にやさしくふれました。

「ねぎらいの気持ちを、りんごに伝えてくださいよ。よくがんばってるんだよ、これも。満身の力で花咲かせたと思うの」

そして、不恰好なりんごを切りました。

傷だらけで、黒い点々のある形の悪いりんご。それを口にふくむと、木村さんはじっくりと味わい、やがて言いました。

「うまい」

佐々木さんもほっとしたようです。

「壁をひとつ越え、またひとつ越え、階段を1段ずつ上がるような気持ちでね。必ず実りますよ。短気は損気です。わはははは」

さわやかな秋の日差しの中、木村さんと佐々木さんは、りんごの木の下でいつまでも笑っていました。

プロフェッショナルとは

技術も心もいっしょに
ともなった人が、
プロじゃないでしょうか。

第35回2006年12月7日放送

こんなところがプロフェッショナル！

りんごづくりに愛を注ぐ、木村秋則さん。
こんなところがすごいよ。

いつもつかうデジタルカメラ

害虫や病原菌の生態を記録し調べるため、木村さんは畑でカメラをつかいます。かつては何十種類もいる小さな虫のスケッチを一日中しては図書館で調べ、その生態を独学で学んできました。

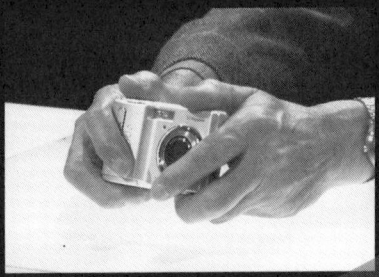

常識にとらわれない

不可能だと言われてきたりんご栽培をなしとげた木村さん。そのひけつは「バカになること」だと言います。常識にとらわれず、作業の苦しみをわすれるほど、一心不乱に観察や調査に取り組んできたのです。

ほかの植物も育ててきた

木村さんは、りんご栽培の方法を探すかたわら、米やさまざまな野菜の無農薬無肥料の栽培方法も確立させてきました。現在ではその技術を生かして、全国で農業の指導もおこなっています。

複雑な生態系をコントロールする

木村さんの畑は、りんごの木だけでなく、ほかのさまざまな動植物の集まる豊かな生態系ができ上がっています。そのバランスをとる一方で、収穫のためにりんごを成長させるのはとてもむずかしく、ひたすらにくふうして知恵をだす日々を続けています。

プロフェッショナルの格言

愛でりんごを育てる、木村秋則さんのことばを心にきざもう。

主人公は、りんごだ

化学的に合成された農薬や肥料をつかわない木村さんのりんごづくり。木村さんの畑は、自然のままの状態に近づけることによって、りんごの木が自分の力で育ちやすい環境となっているのです。

愛こそがすべて

ほかの人からは効率の悪い作業に見えても、木村さんは一つひとつの手間をおしみません。効率よりも、りんごが喜ぶような環境をつくり、家族のように手塩にかけて育てるのです。

こたえはりんごに聞け

木村さんのりんごは、手をぬくと、すぐに木の病気などにつながるむずかしい育て方をしています。りんごづくりには、技術よりも、心をこめて世話をし続けることがなにより大切だと考えています。

和牛の神様、愛情（あいじょう）の牛

肉牛農家

鎌田秀利（かまだひでとし）

食の芸術品と言われる「和牛」。
中でも日本最高峰とされるのが、九州の宮崎牛だ。
食べた人をとろけさせる霜降り肉をつくるのは、
ねじりはちまき30年の肉牛農家の男。
繁殖から飼育までピカイチの技術をもち、
極上の肉質を生みだす。
かつて宮崎県を襲った動物の伝染病。
29万頭もの家畜が殺処分された。
そのときを境に、男は牛への向き合い方を変えたのだ。
突然の子牛の死、長引く出産。手塩にかけても必ずやってくる牛との別れ。
それでも男は笑顔で言う。
「これ以上の仕事はない」

✳牛にとって最適な環境を

朝もやの中、小高い山のふもとに牛舎が見えます。ここは宮崎県の最南端にある串間市です。

朝6時、牛舎に向かうのは、作業着に身を包んだひとりの男性。日本を代表するブランド牛、「宮崎牛」を生産する和牛農家、鎌田秀利さんです。

牛舎に入る前、作業場のすみに整頓された数足の靴の中から、鎌田さんはいつもの白い長靴にはきかえます。今年に入ってもう3足目。ふつうなら1年はもつ長靴を、鎌田さんはわずか2か月ほどではきつぶしてしまいます。それほど、1日中歩き回っているのです。

「はいはい、おはよう、おはよう」

まずは牛たちに朝のあいさつです。飼っているのは黒毛和牛２００頭あまり。その中には生まれたばかりの子牛もいます。母牛に寄りそう愛らしい姿に、鎌田さんは目を細めました。

朝6時から、飼っている200頭の牛のようすを確認する。

「元気に産まれてくれてよかった」

多くの肉牛農家は、子牛を生産する農家と、買ってきた子牛を育てて出荷する農家で分かれていますが、鎌田さんはちがいます。子牛を産ませる「繁殖」から、おとなになるまで育て上げる「飼育」まで、すべてを手がけています。全国でもめずらしい農法ですが、鎌田さんは、こう信じています。

「生まれたての頃から手をかけないと、よい牛には育たない」

朝の見回りは、とてもだいじな仕事です。牛たち1頭1頭のようすを注意深く見ていきながら、とくに子牛のいる場所へくると、足を止めてじっくりと観察します。

まだ早朝なのであまり動きませんが、これから母牛のお乳を飲みだしてしまうと、子牛は自然と元気になってしまいます。その前にようすを見ることで、その牛の本当の体調やささいな変化に気づけると、鎌田さんは考えていました。

「ちょっと呼吸が速いなぁ。少し熱があるのかな」

牛は非常にデリケートな動物で、わずかな環境の変化でもすぐに体調をくずしがち。そのため鎌田さんは、牛たちにとって最適な環境をととのえることを何よりだい

牛舎のまわりの木の枝を切るなど、環境づくりに気を配る鎌田さん。

じにしています。

たとえば、牛舎のまわりの木の枝を切ることも、そのためのくふう。牛舎の温度や湿度が気になるときに、この作業をおこないます。

「光もやわらかくなるし、涼しくもなる。牛が落ち着けばそれがいちばんいいことやからな」

牛舎のにおいも、牛の体調に影響します。寝床に敷いたおがくずを入れかえるときには、古いおがくずをあえて少しだけのこし、においを変えないように注意します。そうすれば牛が落ち着くからです。

新しいおがくずに飛び乗った子牛は、さっそく地面のにおいを確かめて、ほっとしたようです。それを見ながら、鎌田さんは目じりにシワを寄せて笑いました。

「あとはゆっくり寝てもらえれば、わしの仕事の成果がでる」

鎌田さんの牛飼いの極意は、これだけではありません。

その日、見回りをしていた鎌田さんは、1頭の子牛の前で立ち止まりました。生後間もない子牛の足元に、白い下痢のあとを発見したのです。

「やっぱりなあ。蒸すもんやからなあ」
鎌田さんはすぐに、粉薬に水をまぜはじめました。そしてその薬を、なぜか母牛に飲ませたのです。子牛の便の色から、母牛の体調不良が、お乳を通して子牛に影響をあたえていると考えたからです。
翌日、子牛は下痢も治り、元気に母乳を飲んでいました。鎌田さんの思ったとおり、原因は母牛の体調だったのです。

見えないものを、見る

「目に見えることはだれでもやるから。見えない部分をどういうふうにおぎなってやれるかっちゅうのが、この仕事のいちばんのポイントになるのかな」
鎌田さんはいつもそう言っています。
「見えないところの仕事がうまいことといかないと、農業は成り立たない。そこにどれだけ一生懸命力を注げるかや」
見えないものを見るためには、どれだけ牛の気持ちになりきれるかがだいじだと考えている鎌田さん。徹底的に牛の気持ちをわかろうとするために、思わぬ習慣をとりいれています。

それは、ガムをかむことでした。

鎌田さんは、日中、ほとんど食事をとらず、かわりにガムをかみ続けています。もぐもぐと絶え間なく口を動かす鎌田さん。向き合っている牛たちもみな、もぐもぐと口を動かしています。じつは鎌田さん、牛の習性である「反芻」をまねているのです。

反芻とは、一度飲みこんで胃まで入った食べ物を、口の中にはきもどし、再びかみなおして胃へと飲み下すこと。

牛はそのようにして、食べた草などを消化する生き物です。そのため、いつ見ても口を動かして、食べ物をかんでいます。

「牛といっしょじゃと思えばいい。反芻をしとるっちゃ思えば、気持ちもいっしょにならな。あははは」

鎌田さんはそう言って、ガムをかみ続けていました。

✳日本が誇る食の芸術品

鎌田さんが育てた牛は、生後およそ30か月、2年半で加工場へと送られます。鎌田さんは加工場へおもむき、手がけた肉の仕上がりを必ず自分で見て確かめます。それは、みごとな霜降り肉でした。

霜降り肉とは、赤味の肉に、白い脂が網の目のようにまざった牛肉のこと。牛肉は、網の目のように入った脂肪が細かいほど上質とされています。

なかでも鎌田さんの牛の肉は、きめ細かな脂肪がつまった極上の霜降り肉。芸

加工場で肉の仕上がりを確かめる鎌田さん。

術的とよばれるほどのできばえで、ときには通常の5倍もの値段で取り引きされていました。

「どういうふうにしたら、よりおいしい肉をめざせるかを考えて、毎日努力していかないと」

鎌田さんは、さらなるおいしい肉づくりをめざして、脂肪を入れる技術を追求しています。

霜降り肉をつくる技術は、日本で発展しました。決め手は、もちろん脂ですが、たくさんエサをやって太らせるだけでは、質のよい霜降りにはなりません。その秘密は栄養管理にあります。

「戦闘モードに入らんと」

笑顔ではちまきを締めると、鎌田さんは牛たちにエサやりをはじめました。

「いちばんは、わしの愛情が入ってる」

そう言って笑いながら、何種類かの材料をまぜあわせます。愛情と同じくらい大切なのがビタミンで、きめ細かな脂肪を入れるには、ビタミン量の調節が鍵になるのです。

牛は体内のビタミンがへるにつれ、蓄える脂肪の量が増えていきます。そのため肉牛農家は、牛の成長にあわせてビタミン量をへらしていきます。ただ、へらしすぎると、牛は体調をくずしてしまいます。ビタミンをへらしながら健康に育て上げるのは、とてもむずかしいことでした。

ところが鎌田さんは、一般の農家の半分以下まで、ビタミン量をへらすことができます。「まるで神業だ！」と、ほかの農家がおどろく、常識破りの栄養管理。それができるのは、鎌田さんのエサやりへの考え方が、ほかの人とはちがうからです。

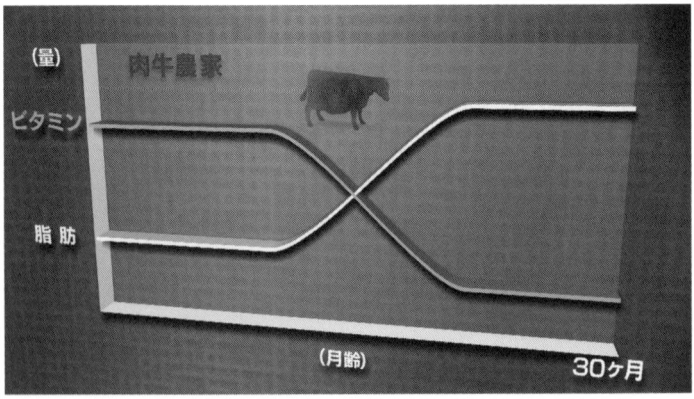

ビタミン量をへらすと脂肪が増えるが、へらしすぎると体調をくずしてしまう。

食べさせる　ではなく、食べてもらう

鎌田さんはけっして、牛たちに無理にエサを食べさせることはしません。エサをあたえる前、鎌田さんは1頭1頭の牛を見て回りながら、それぞれの部屋の前に、チョークで数字を書いていきます。

ある牛には、6.0

そのとなりの牛には4.0

そのまたとなりの牛には5.0

毎回1頭ごとの調子を見て、エサの量を変えているのです。しかも、その牛の成長に応じて、エサにまぜる材料も変えます。

この牛にはビタミンが多い黄色いトウモロコシを多く、こちらの牛にはカロリーが多い麦を、ほかにも海藻や大豆、米ぬかなど、10種類以上の材料をつかい分けます。このわずかな差が、牛の肉質を変えていくのです。

「まっちょんなされ～。『はよ、食わせえ』っちゅうような顔やな、あはは」

1頭1頭にあわせたエサの量を数字であらわす。

鎌田さんは、それぞれの牛に、オリジナルブレンドのエサをあたえてきました。

さらに鎌田さんのエサやりは、回数にも特徴がありました。一般的な肉牛農家は、朝夕2回、牛にエサをやります。でも鎌田さんは、4回に小分けしておこなうのです。

朝9時、昼の1時、夕方5時、そして夜の9時。

そのたびにエサを調整し、1頭1頭にあたえて回ります。10頭や20頭ならともかく、200頭あまりの牛に。大変な仕事ですが、鎌田さんはこう言います。

「手間はかかるが、牛の胃には負担がかからん」

鎌田さんのあたえるエサには、本当に、鎌田さんの愛情がいっぱいつまっていたのです。

この日、4回目のエサやりを終えたのは夜の10時すぎでした。

「元気そうで、なんとも言えない顔やな」

食事を終え、満足そうな牛の顔を見るのが、鎌田さんはうれしくてたまりません。幸せな思いで牛たちに「おやすみ」を言うと、鎌田さんははちまきをしめ直し、自分に気合いを入れました。帰宅前にもうひと仕事。明日牛にあたえる干し草を切るのです。

1日を終えるとき、鎌田さんはいつもひとつのことを自らに問いかけます。

精いっぱい、命に向き合ったか

そのこたえはいつも同じです。

「まだまだやな、まだまだ。これでいいっていうことはないもんな。まだわかんないこともいろいろあるし、ちゃんとしてやれないこともいっぱいあるし。まだ牛が、『もういいよ』って言ってないような気がする。『もうちょっとがんばらんとだめよ』って言われてるような気がする」

1年365日、妥協せずに努力しつくす。それが鎌田さんの日常です。

✳命を育む者として

「まあ、座って、アイスでも食べなさい」

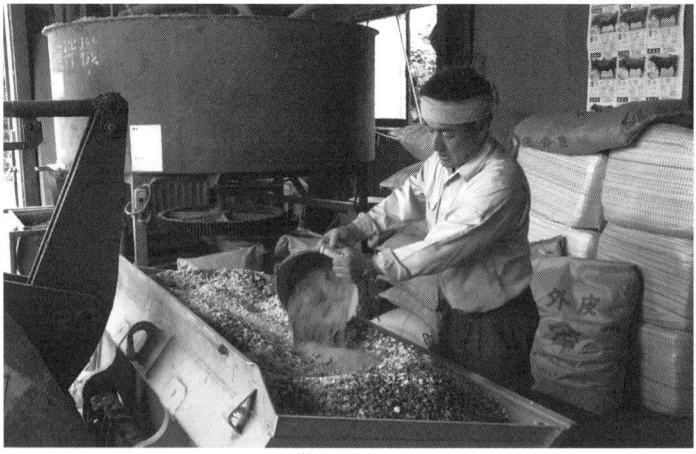

10種類以上の材料をつかった、独自のエサづくり。

作業場のすみにおかれた冷蔵庫から、アイスをとりだして渡したのは小さな男の子たち。鎌田さんは3人の男の子のお父さんです。

おいしそうにアイスを食べる息子たちを愛おしそうに見つめています。

「宿題は？　せんとか？　あははは」

妻の幸美さんはともに働き、子どもたちはいつも両親のそばで遊んでいます。いそがしいながらもおだやかな日々。けれど、かつてはそうではありませんでした。

鎌田さんが肉牛農家の仕事についたのは、24歳のときでした。

「肉牛農家はもうかる」

そう聞いて、地元宮崎の農場に就職したことがきっかけでした。

負けずぎらいな性格から、朝はだれよりも早く牛舎に入り、６００頭の牛と向き合いました。

「1頭50万円で計算しても3億円じゃ。売上げをだすことが、自分がみとめられること。そのためにはやっぱりよい牛をつくっていかなしかたない」

鎌田さんは、牛を早く太らせようと、ひたすらエサをあたえ続けました。

出荷した牛の8割を、肉牛の最高レベルに近い4等級以上に仕上げ、ノルマの倍を売り上げました。でも、鎌田さんは不満だったのです。

「なんでおれがやったのに最高級の5等級じゃねぇんか。ここまでしたのになんで霜降りが入っとらんのじゃ、この牛は！」

40歳のとき、鎌田さんは1億円のお金を借りて、肉牛農家として独立しました。しかし間もなく、大きな壁にぶつかります。いくらエサをあたえても、思うように牛たちが食べなくなったのです。

牛の血液や飲み水の水質などを調べましたが、原因がわかりません。

エサを食べないので質のよい霜降り肉をつくれなくなり、売上げは下がってしまいました。

「どうしよう……」

鎌田さんはひどくあせりました。借金はまだたくさんあります。結婚もして、子どもも小さい。家族を養っていく責任もあります。

宮崎県内の牛舎。2010年の口蹄疫で、29万頭もの家畜が殺処分された。

「これからどうなるやろ……」

そんな不安でいっぱいの最中に、大変な悲劇がおきたのです。

２０１０年春、おそろしい家畜の伝染病が宮崎県の牛を襲いました。

「口蹄疫がでた！」

そう聞かされたとき、鎌田さんは、ただこう言いました。

「ああ……」

あとは、ずっとだまったきり。事の重大さに、ことばが見つかりませんでした。

口蹄疫は感染力が高く、牛たちに次から次へとうつっていきます。病気になった牛は、肉牛として出荷はできません。感染を食い止めるためには、病気になった牛だけでなく、その疑いのある牛まですぐに殺処分しないといけないのです。

宮崎県では、これによって29万頭もの家畜が殺されました。

鎌田さんの農場がある地域は感染地域からはなれていたため、どうにか家畜を殺さずに済みました。けれど、想像を絶する牛たちの死を見て、鎌田さんは胸が張りさけそうでした。

「人のためになる『食される死』と、『死んでいく死』っていうのは、くらべるものではない。畜産農家にとって、家畜が死ぬっていうのは一番の悲劇だ」

手塩にかけた牛たちを、すべて殺された同業者たち。それを見ると、鎌田さんは自分の手足をもがれるように、悲しく、つらかったのです。

5か月後、口蹄疫はどうにかおさまりました。ところが、そのあとさらなる試練がまっていました。

食べても安全な肉を出荷しているのに、「宮崎の牛は病気だから食べたくない」という消費者が多く、宮崎牛が売られなくなっていったのです。

口蹄疫と、その後の風評被害のせいで、宮崎県では１０００軒を超える肉牛農家が仕事をやめてしまいました。

「産地を復活させるためには、質のよい牛をつくって、消費者の信頼をとりもどすしかない」

のこった宮崎の肉牛農家はそう誓いました。鎌田さんも同じ思いでしたが、あいかわらず、自分の牛たちは思うように育ってくれません。

「どうすればいいのか……」

不安におしつぶされそうな毎日でした。そんなとき、悩む鎌田さんの目に映ったのは、ほかでもない牛でした。いつもと変わらず口を動かしてのんびりと干し草をはんでいます。

「牛は精いっぱい生きちょる……」

鎌田さんは気づきました。いま、目の前には生きている牛がいる。生まれてくる子牛もいる。それをしっかり育てていかなければ。

そして鎌田さんは、こう決めたのです。

2007年と2012年の2度、国内最大の品評会で日本一になった。

「とことん、牛の立場で考えよう！」

それからは、日になんども牛たちを見て回りました。風通しはどうか。日当たりはどうか。ようすを見て、1頭1頭エサの配合や量を変えました。

「自分もな、野菜をそのまま1個だされても、食べる気はせんやろうからな。牛もいっしょよ」

そう考え、牧草も食べやすいようにと短く切りました。

「自分本位でやりはじめたら、いくらでも楽はできるからな。それしはじめたら、もう果てはない。自分と牛をつねに重ねて、同じ立場で物事を考えてやらんと。そうすることが、わたしらの仕事じゃ」

それから2年。鎌田さんの牛は、国内最大の肉牛の品評会で、肉質日本一に輝いたのです。

「牛の飼育に何が正解なのかはわからん。でも結果は、牛が教えてくれる」

そんな思いを胸に、鎌田さんは今日も、長靴がすりへるほど牛舎を歩き続けているのです。

✳わしが、ついちょる

「この長雨で、これに台風が来たらもう壊滅的になるなぁ」

ふり続く重い雨を、鎌田さんは牛舎から見つめています。

その夏の天候は異常でした。6月、7月の降水量は、例年の倍以上。気温も高く、牛舎の中は、もうずっと蒸し暑い状態です。牛と接して30年の鎌田さんですが、その年は、かつてないきびしい夏をむかえていました。

環境の変化に敏感な牛たちにとっても、この夏はつらそうです。ことに、生後数か月の子牛にとって、この異常気象は命に関わります。

7月半ばの朝。鎌田さんは、ある子牛の異変に気がつきました。生後ひと月の子牛が立ち上がれなくなり、牛舎に寝たまま、ときおりおなかをけるような動きをしていたのです。

「ちょっと痛いねぇ。腹がね。パッと食いすぎたか？」

鎌田さんは、子牛の気持ちを察するようにやさしく声をかけました。

すぐに獣医さんがかけつけました。獣医さんは子牛に聴診器を当て、体を触れるなどして診察すると、こう言いました。

「腸が軽くねじれたんでしょうね」

筋肉を緩める薬と点滴を打ち、ようすを見ることになりました。

治療のあいだ鎌田さんは、たおれた子牛のそばにしゃがみ、体をなでていました。

「お昼すぎくらいには、『何があったっちゃろかい』っちゅうような顔にはなってくれるといいっちゃけどな……」

ところが2時間後。事態は急変しました。子牛のようすを見に行った鎌田さんは、大声を上げました。

「おい！」

さけびながら、ぐったりとした子牛の頭をもち上げます。

「おいっ!!」

かけつけた妻の幸美さんに、鎌田さんは言いました。

「ちょっとひっぱってくれんか。きびしいがよ」

それは突然のことでした。獣医さんもなすすべがなく、子牛はそのまま息をひきとったのです。

原因はわかりません。鎌田さんにとっても、これまで経験のないことです。

「あまりにも急やから、ちょっとわからん……」

ところが、異変はこれで終わりではありませんでした。

3日後。出産をひかえていた牛が、予定より1週間も早く産気づいたのです。

肉牛農家にとって、出産はもっともむずかしい仕事です。とくに夏場は、暑さのために、母牛も子牛も体力を消耗するので危険です。その上この異常気象。出産には最悪ともいえる環境でした。

夜になりました。いよいよ出産のときが近づいています。鎌田さんはいつになく緊張感をただよわせ、牛にストレスをかけないよう、近づこうとした息子たちにも「あっちへ行け」と手で合図をしました。

牛が息みだしたことを確認すると、自分も牛のそばをはなれます。遠くから見守りますが、子牛はなかなか産まれてきません。

「まだ？」

心配する息子に、鎌田さんはこうこたえました。

「まーだ。もうちょっとがんばらんといかん。お母さん牛もな」

いつになく長びく出産です。鎌田さんは、ある可能性を考えていました。子牛の体勢がおかしく、どこかでひっかかっているのではないか？

鎌田さんはひとり、母牛のもとへと歩み寄りました。自ら、子牛をひきだすことにしたのです。

鎌田さんは、大きな母牛の体に左手をそえ、母牛の産道に右腕を入れました。予感は的中。子牛の体勢がふつうとはちがっていたようです。

そうしてしばらく探っているうちに、子牛の足をつかみました。鎌田さんはそこにロープをかけます。

「よっしゃ、きた！」

ついに、母牛の体から、小さな足があらわれました。と同時に、おなかの中で子牛を取り囲んでいた液体が滝のように流れだしたのです。

「おい！」

鎌田さんは幸美さんを呼びました。

「ええか。だすぞ」

ふたりは息をあわせ、力をこめて子牛をひっぱります。1回。2回。

そして、3回目にひっぱった瞬間、子牛の顔があらわれました。鎌田さんがそれをかかえようとしたとき、子牛はつるんと産み落とされたのです。

「産まれた！　よっしゃ！」

母牛は泣きもわめきもしません。とても静かな出産でした。鎌田さんは、すぐに子牛の体をふきはじめました。

「男の子じゃ。ふつうより早いから、ちょっと小さい」

息子たちも、もうまちきれずにそばにきて、生まれたばかりの子牛を見つめています。

鎌田さんは最低限の世話を終えると、母牛と子牛だけにして、牛の部屋からでました。

「やっぱり読みどおりやった。確認してよかったな」

夜11時すぎ。1日がかりの難産をやっと乗りきったのです。

でもまだ安心はできません。

予定より早い出産のせいで、母牛は41度の高熱をだしていました。母乳もでません。このままでは子牛の命も危険です。

鎌田さんは、牛の命を守るために賭けにでることにしました。強い解熱作用をもつ薬をつかうことにしたのです。

その薬は、体内に入ってきた細菌などと戦う力も下げてしまうため、産後の牛につかうのには危険をともないます。それでも親子を守るために、鎌田さんはふみきりました。

外はまだ雨。鎌田さんは夜遅くまで、牛の親子を見守り続けました。

2日後。母牛の熱は、なんとか下がりました。けれど、まだ母乳は十分にでていません。子牛は、お乳欲しさに母牛の乳首にすいつき、なんどもなんども鼻先で乳房をおしています。

鎌田さんは、かわりに粉ミルクを飲ま

母乳を欲しがり、鼻先を母牛におしつける子牛。

母牛を少しでもリラックスさせるため、よごれたゆかを掃除する鎌田さん。

せようとしましたが、子牛は激しく身をよじってそれをこばみました。

「よーし、わかった、わかった。やめよう、やめよう」

いっそ親からひきはなし、無理にでも人工的に育てる方法もあります。でもこの子牛は母乳を欲しがり、母牛も、懸命にそれにこたえようとしています。我が子をやさしくなめながら、必死に母乳をだそうとしているのです。そんな、親子がいやがることを、鎌田さんはしたくはありませんでした。

「牛に対しての礼儀じゃないけどな、ここまで親牛が一生懸命にやっとる。

子どもを育てようという力、それに勝るものはないやろな。これを一番だいじにしたいじゃない」

しかし、水分と最低限の栄養は補給できたとしても、こんな状態が長引けば、子牛の発育に影響します。

いまの自分に何ができるか。鎌田さんは考え続けました。そして、はちまきをしめ直すと、雨でよごれたゆかを掃除しはじめたのです。せめて母牛を、少しでもリラックスさせたいと思ったからです。

「牛の育て方にこたえはないよ。こたえをだそうとかっちゅうふうな考え方で、算数式に牛と向き合えるのかって言ったら、そういうもんじゃない。そこに人間がこたえを求めること自体が、わしは失礼なことじゃと思う。どの牛も精いっぱい生きる。その30か月っていう期間を、どれだけ精いっぱい真剣に向き合うか。それがこたえじゃと思う」

鎌田さんは、生きようとする親子をあえて手助けせず、ぎりぎりまで辛抱することにしたのです。

出産から2週間がすぎました。

「えらいがね！　うちの牛は。ちゃんと飲んどるがね！」

ではじめた母牛の乳を、子牛は力強く飲んでいました。

「よくばるぐらいに元気になったやん。これでなきゃいかん！」

鎌田さんは、そんな親子を、くしゃくしゃの笑顔で、ずっと見つめていました。

「牛はこたえてくれたんや。あとは牛の力を信じて、わしらはいつもどおりに仕事をしていって、環境ととのえてやるだけよ」

それ以上のことはできない。そう言って鎌田さんは、いつものように牛舎の見回りをはじめました。

その日は、月に1回の牛の出荷の日です。

鎌田さんは、育てた牛に、ていねいにブラッシングをし、ロープでつなぎました。

「よしよしよし。すべるなよ、すべるな。よしよし。すべらんようにいけよ」

ひかれていく牛の後ろを歩きながら、やさしく声をかけ続けます。

トラックに乗せられた牛を見上げ、「お利口さんじゃ」とつぶやく鎌田さん。その表情は、やはりとてもさびしそうです。

「まあ、いろんなこと考えると、ちょっと、やっぱりこう、じーんとくるもんがあるな」

そうつぶやくと、鎌田さんは、目じりをさっとぬぐいました。大切に育てた牛を加工場に出荷する。割りきれるかと言われたら、かんたんに割りきれるものではありません。

そうして牛を乗せたトラックが動きだすと、鎌田さんはしばらく見送りましたが、やがて自分に言い聞かせるように、

30か月、愛情をこめて育てた牛を見送る鎌田さん。

こう言いました。

「よし！　これでまたがんばりますか」

手塩にかけた牛も、やがて必ず鎌田さんのもとをはなれ、食肉となります。それが肉牛農家という仕事なのです。

「でも、なんらかの形で人のお役には立てるのかな。そういうふうに思えば、こういう仕事もありかなと思う」

たとえいつか別れる牛でも、精いっぱいの愛情をこめる。だって牛が大好きだから。

「生まれ変わっても必ず牛飼いになる。これ以上の仕事はない」

そう言いながら鎌田さんは、また牛舎へともどっていきました。

プロフェッショナルとは

プロフェッショナルな、わしはそんなもんじゃないけどな。なんやろね。都合のいい妥協をしないことやろね、何事にもね。一生牛と向き合わないかんからな、わしらはな。そこに妥協があったら、失礼やろうで。

第280回2015年11月9日放送

こんなところがプロフェッショナル！

愛情をもって牛を育てる、鎌田秀利さん。
こんなところがすごいよ。

とにかく動き回る

朝6時から深夜まで、ほとんど食事をとらずに牛舎で働き続ける鎌田さん。365日、1日も休まずに牛に寄りそい、牛とともに生きる生活です。

史上初の2連覇

5年に1度おこなわれる、日本一の和牛を決める品評会で、2007年と2012年で史上初の2連覇をなしとげている鎌田さん。きめ細かい脂肪のつまったその霜降り肉は、通常の5倍の値段がつきます。

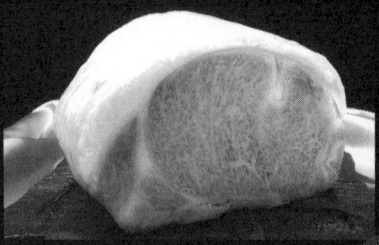

世界に誇る霜降り肉

現在、世界からも注目されている霜降り肉は、日本で独自に発展した技術です。鎌田さんたちが霜降り肉を育てることは、日本の農家の未来にとって大きな可能性でもあるのです。

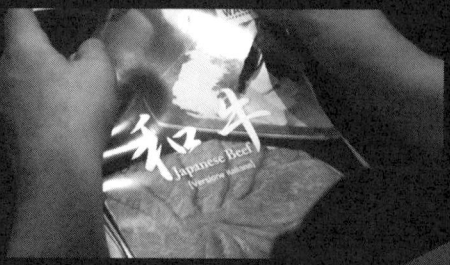

一生向き合い続ける仕事

自分の命をささげて精いっぱい生きる牛たちにこたえるため、鎌田さんはこの先もこの仕事を続けていきます。牛の能力を最大限にひきだし、命をまっとうさせるのが自分の責任だと考えているのです。

プロフェッショナルの格言

徹底的に牛と向き合う、鎌田秀利さんのことばを心にきざもう。

とことん、牛の立場で考えよう

つねに自分と牛の気持ちを重ね、じっくりと注意深く観察する鎌田さん。牛は、わずかな環境の変化でも体調をくずしてしまうため、目に見えない部分の変化まで感じとり、環境をととのえることが大切なのです。

1頭1頭の牛にあわせる

どんなに手間がかかっても、けっして牛がいやがることをしないのが鎌田さんの流儀。1頭1頭の牛にあわせた徹底的な栄養管理やエサの配分は、ほかの農家から「神業」とよばれるほどです。

精いっぱい、命に向き合ったか

鎌田さんの育てる牛は、生後約30か月で加工場に出荷されます。牛たちが精いっぱい生きるその期間を、自分も妥協せず、精いっぱいの愛情をこめて真剣に向き合ったか。鎌田さんはつねに自分に問いかけています。

それでも、海を信じている

カキ養殖

畠山重篤

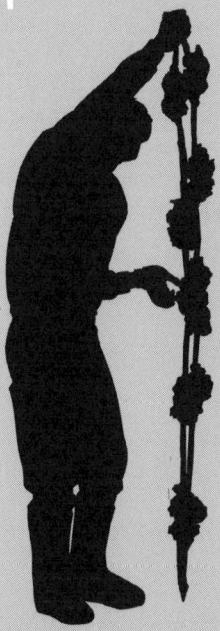

三陸の気仙沼に、カキ養殖を半世紀も続ける男がいる。
環境破壊で死にかけた海を守りぬき、
全国屈指と言われる、極上のカキを育て上げてきた。
ところが、２０１１年３月11日、
その海をあの大津波が襲った。
養殖場も加工場も、育っていたカキも、
波はすべてをさらっていった。
それでも男は、けっして下を向こうとはしない。
跡を継ぐ息子も、そんな父の生き方をずっと見てきた。
きばをむく海、立ちはだかる復活への壁。
ふたりは海を信じ、海とともに生きようとする。
津波から8か月、地域の再生をかけた親子の戦いとは！

✳波にのまれた養殖場

早朝の東京築地市場に、宮城県の気仙沼からあるものが届きました。その冬はじめてのカキです。

「ぷっくりしてて、いいね」

気仙沼で養殖されたカキは味が濃厚で全国屈指の品質を誇ります。市場の仲買人も、そのカキを見て感動しています。

「今年は三陸のカキはもうダメなのかなと思ってた。あの状況でこのカキがくるなんて、信じられない」

２０１１年3月11日におきた東日本大震災。午後3時20分に、気仙沼をあの大津波が襲ったのです。

気仙沼の舞根地区では、50軒あまりあった家屋も3軒をのこしてすべて波にさらわれ、カキの養殖場もすっかり流されてしまいました。

なのに、その舞根からその年のうちにカキが出荷されるなんて、だれが考えても

畠山重篤

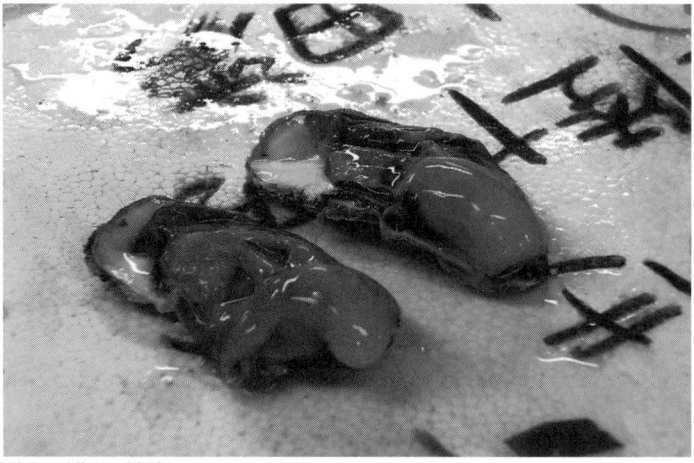

築地に届いた濃厚なカキ。出荷までには戦いの日々があった。

奇跡だったのです。

復興の先頭にたったのは、カキ養殖を半世紀以上も手がけてきた畠山重篤さん、68歳。

畠山さんは、いまだかつてないような災害にあっても、けっして下を向きませんでした。

「百戦錬磨だから、だいじょうぶ」

そう言って、津波がさらっていった地区を見下ろしていました。

その背中を、それまでカキ養殖と向き合い続けてきた戦いの日々が後押ししていたのです。

✳下を向いてはいけないよ

畠山さんは、2歳のときから気仙沼で育ちました。父の仕事はカキの養殖。畠山さんも地元の水産高校に進み、卒業後すぐに父の仕事を継ぎました。

「舞根の海のことは、だれよりもよく知っている。その知識を生かして、とびきりのカキを育てよう」

そう心に決め、カキを育てるイカダをおく場所から、この海に合うカキの品種まで、とことんこだわりました。するといつしか、畠山さんのカキはおいしいと評判になったのです。

ところが、時は1960年代。環境を守ることより、産業を活発にすることを優先した高度経済成長期の時代です。各地で公害問題がおき、畠山さんがカキを育てる気仙沼湾にも、赤潮が発生するようになったのです。

赤潮は、よごれた海や川で育つプランクトンが異常に増え、海を赤く染めることです。栄養豊富な排水が、川や海へ流されることなどによっておこります。

畠山重篤

プランクトンはカキの出来を左右します。カキは、1日にドラム缶1本分もの海水を吸いこみ、そこに含まれる植物プランクトンを食べて育つためです。赤潮にさらされたカキはその影響をもろに受け、その身が真っ赤に染まってしまいました。

血のように赤いカキは気味悪がられ、だれにも買ってもらえません。畠山さんたちの収入は激減。同業者は次々とカキづくりをやめて海からさっていきました。

「このままカキが売れなかったら、従業員に給料がはらえない……」

畠山さんも仕事をやめることを考えはじめました。すると、母の小雪さんがこう言いました。

「笑顔でいなさい。下を向いてはいけないよ」

小雪さんは、こまったときでも深刻にとらえず、ユーモアで切りぬけていこうとするお母さんでした。そんな母に励まされ、畠山さんはつとめて笑顔でがんばったのです。

ちょうどその頃、畠山さんにある転機がやってきました。知り合いの招きで、カキ養殖の本場であるフランスに視察に行く機会を得たのです。

そこでは、大西洋に注ぐロワール川の河口で、みごとなカキが育てられていました。それを見た畠山さんは地元の人に聞きました。

「ここではどうして赤潮が発生しないんですか？」

すると思いもしないこたえが返ってきました。

「わたしたちは森を手入れしている。森は海のおふくろなんだ」

畠山さんは、はっとしました。そして、帰国するとすぐに気仙沼湾に注ぐ大川を上流へとたどり、山へ向かっていったのです。

そこで畠山さんが目にしたのは、おどろきの光景でした。昔は森だった場所が、木を切られ、はげ山になっています。カキは、ケイソウ類という種類のプランクトンを好んで食べます。そのプランクトンを育てる養分は、森の落ち葉が分解された腐葉土の中に含まれ、その養分は川をつたって海に流れるのです。

「こんな伐採された落ち葉のない山の土に、養分があるわけがない。これが赤潮の原因だ」

そう確信した畠山さんは、すぐ役場に話をして、山に木を植える許しをもらいました。そして、時間をつくっては山へとかよい、たったひとりで土を耕し、木を植えはじめたのです。

ところがその矢先、さらにとんでもない知らせがまいこみました。大川の源流を水没させて、ダムをつくる計画が進んでいるというのです。

「海を守るために森を守るという考えを、どうしたら人々にわかってもらえるのだろう」

畠山さんは必死に考え、森と海とのつながりを研究している学者をたよることにしました。それは、北海道大学で教授をしていた松永勝彦さん。松永さんは、

気仙沼湾上流の山は、森が切られ、荒れはてていた。

いつも笑顔を絶やさなかった畠山さんの母、小雪さん。

「海の環境をよくするには、山の腐葉土に含まれる鉄が欠かせない」と説いていました。それは、畠山さんがフランスで聞いた話をうらづけるものです。

しかし、それはまだ新しい考えで、気仙沼の海と森でそれを証明するには、調査に数百万円ものお金がかかると教授は言います。

従業員のお給料にもこまっている畠山さんには、そんな大金はどこにもありません。

絶望していると、ある夜、母の小雪さんが畠山さんに声をかけました。

だまってさしだしたのは封筒。中を開

くと、たくさんのお金が入っていました。それは、いつか船を新しくするときのために、小雪さんがこつこつとためていたお金でした。

小雪さんはいつもの笑顔で、畠山さんに魔法のことばをかけました。

「下を向いてはいけないよ」

そしてさらに、こう言ったのです。

「自分のやり方をつらぬきなさい」

自分の考えでやることは、失敗しても人のせいにはできない。それでも自分の信念をつらぬけ。畠山さんは母にそう言われた思いがしました。

迷いは吹っきれました。

畠山さんはそのお金で、松永さんとともに2年ものあいだ調査を行いました。すると、気仙沼湾の海水にふくまれる鉄の9割が、山から大川をたどってもたらされていたことが確かめられたのです。

この調査結果は大きな反響をよび、ダム計画は中止になりました。

それからというもの、畠山さんは植林活動にそれまで以上の力を注ぎました。

「カキには人が映る」
畠山さんはそう言います。
「カキってね、内臓ごと食わなきゃいけない。だから、人間が水をよごしてしまうとカキもよごれるし、その味にも影響がでる。結局人間に行きつくわけ。カキはね、先生なんだよ」
やがて森づくりの輪は、地域の人々のあいだにも広がり、大きなうねりになっていきました。定期的に植樹祭を開き、畠山さんたちは、ブナやミズナラなどの木を何万本も植えたのです。
そうして木を植えはじめて7年がたったとき、ある変化がおきました。夏には

写真：NPO法人 森は海の恋人

現在もおこなわれている植樹祭には、毎年 1000 人以上の人が集まる。

枯れていた山の水が、再びわきだしたのです。植えた木々が森の土を豊かにし、緑のダムとなって、雨水をつなぎとめたのでした。

きれいな水をたたえる大川に、イワナやヤマメなどの川魚がもどってきました。

さらに3年後。ついに舞根の海から赤潮が消えました。再び真っ白なみごとなカキがとれるようになったのです。

ところが……。

海にしずんだ養殖場

赤潮が消えてから12年後の２０１１年3月11日、東日本大震災がおこりました。三陸の海を襲った大津波は、何もかもを飲みこんでしまいました。

畠山さんは高台にある自宅にいたため、命を取りとめました。妻や子どもたちも無事。けれど、いつも畠山さんの味方をしてくれた母の小雪さんは、津波にのまれて亡くなりました。

それから1週間後。畠山さんは、悲しみをこらえて浜に立っていました。

「ここが、貝を生かしておく水槽があった場所」

「ここが貝の加工場」

そう思って歩きますが、ほんの1週間前まであった日常の光景は、もうどこにもありません。地元の人たち20人あまりが働いていた養殖施設は、すべて失われていました。

2年もかけて育て、出荷をひかえていた極上のカキは、百万個すべてが海の底にしずみ、被害総額は2億円。のこされたのは、畠山さんの自宅におかれていた、

舞根地区の家屋は波にさらわれ、養殖再開のめどはまったく立っていなかった。

海を、信じる

震災当日に出荷できなかったカキだけです。

畠山さんは、発泡スチロールの容器からカキをとりだし、殻を開けてみました。その身はぷっくりとし、冷蔵庫に入れていたわけでもないのに、傷んでいませんでした。

「カキって、もつもんだねぇ」

畠山さんはおどろきながら、そのカキをすべて避難所へと届けました。避難している人に食べてもらうためです。

「まあしばらくカキも食えないでしょう。もう、こんな大きくなるまでね」

そう言って、さびしそうに笑います。

養殖再開のめどは、まったくたっていません。舞根の海は、海底に泥がたまり、豊かだった生態系はほぼ破壊されていました。でも畠山さんは、下を向くつもりはありません。養殖の仕事をあきらめるつもりは、まったくありませんでした。

現在のカキ養殖は、イカダからつるす方法が主流。

「わたしは海が好きだ。意地でも養殖を復活させよう」

それから2か月後の5月28日。畠山さんは、集落の仲間に呼びかけ、養殖の再開に向けて働いていました。頬やあごは、いつのまにか白いひげにおおわれ、仙人のようです。

「せ〜のっ！」

4人がかりで運ぶのは長い丸太。何十本という丸太を組んで、イカダをつくるのです。カキの養殖は、海に浮かべたイカダにつるしておこなわれるからです。

でも、イカダができても、そこにつるすカキを手に入れるあてはありません。カキの赤ちゃんの「稚貝」は、少しはなれた石巻市の漁師に育ててもらっていますが、石巻も津波の大きな被害を受けていました。それに、稚貝が手に入ったとしても、カキが育つ海の生態系が回復していないのです。

それでも畠山さんは希望をもっていました。頭の中には、こんな記憶がよみがえっていました。

それは51年前の１９６０年のこと。南米のチリ近海でおきた超巨大地震が大津波を発生させ、それは太平洋を越えて日本にまで届きました。気仙沼市のある三陸海岸も、６メートルを超える津波が襲ったのです。

そのとき畠山さんはまだ16歳でしたが、当時のことをよくおぼえていました。

津波によって海底の泥の中から栄養分がとけだし、ふつうは2年近くかけて育つカキが、わずか半年で育ったのです。

「津波のあった年は、カキが早く育つ。今回もそうなるかもしれない……」

もうひとつ、畠山さんには、養殖の再開を急ぐ理由がありました。この舞根地区は、3分の1以上の世帯がカキ養殖でお金をかせぎ、暮らしをたてています。

稚貝のようすを見る、畠山さんの長男、哲さん。

家も船も流され、もう養殖はやめようと絶望している人たちを、少しでも元気づけたかったのです。

「イカダをつくるっていうのは、復興の兆しだからね」

畠山さんはほほ笑みながら、つかうあてのないイカダに釘を打ち続けました。

✳海はもどってくる

6月上旬。東北に梅雨がやってきました。養殖再開に向けて動きはじめた畠山さんでしたが、このところ体の調子がよくありません。原因は過労。体重も3、

4キロへって、少し頬もこけて見えます。地域の仲間との打ち合わせのときも、その輪をはなれて、部屋のすみで横たわってしまいました。

そうこうするうちに畠山さんは、風邪が悪化して気管支炎になり、病院に運ばれました。医師からは海で働くことを止められ、自宅でゆっくり休むように言われてしまったのです。

そんな畠山さんのもとにうれしいニュースが飛びこんだのは、6月20日です。

三陸では壊滅状態だと思われていたカキが、石巻で生きのこっていたのです。津波で打ち上げられている稚貝が、偶然見つかったといいます。

舞根まで運ばれてきた稚貝にかけ寄ったのは、畠山さんの長男の哲さんでした。それはとても少ない量でしたが、それでも生きています。

「あってよかった！　このまま生きてくれればいいんだけど」

無事に育ってくれるのかとても心配ですが、それは希望の種なのです。

哲さんは稚貝をロープにつけ、父たちとつくったイカダにつるしていきました。

その頃、舞根の海にも変化が見えていました。それを確認したのは、畠山さんの三男の信さんです。

生物の専門的な知識をもつ信さんは、震災直後から海の生態系のようすを調べていました。頭にタオルをまき、半袖半ズボン姿の信さんは、浜で大きな網を手に、海から何やらすくいとっています。

「ボラだー！」

4匹の小さな魚を手にとり、信さんはうれしそうに笑いました。

次にすくいとったのは、藻の仲間。毎年この時期に発生する藻です。

「案外津波の影響がでてないなぁ。まあ、よくある海のパターンだ」

さらに、タマキビ、イシダタミといった貝の仲間もとれました。

津波の直後はまったく生き物を見かけなかった海でしたが、1か月ほどで姿を見せると、そこから爆発するように一気に増えたのだといいます。

畠山さんは、息子たちにいつもこう言っていました。

「海はすぐに回復する」

そのことばが本当だったことを、信さんは実感していました。

カキの稚貝は、例年より２倍近い早さで成長をとげていた。

8月4日。畠山さんが、久しぶりに海に姿を見せました。哲さんから聞いていたカキの稚貝の成長が、気になってしかたがなかったのです。

自ら船を操縦し、カキのイカダまでくると、つるしたロープをひき上げました。海で育てて1か月になるカキが、上がってきました。

「おお、もうのびてきてる！」

カキの稚貝は、いつもの年より2倍近い早さで成長していました。成長した部分は白く見えます。

「ほら、カキがこんな真っ白になって、

花咲いたようだよ。カキの花が」

体調の悪さをこらえてイカダに立った畠山さんは、少し足元がふらつきます。それでもうれしくてたまりません。

カキが大きく成長しているということから、海にはカキの食べ物となるプランクトンも多いことがわかります。畠山さんは、長いロープに等間隔でつけられたカキをどんどんひき上げて、愛おしそうに見つめました。そして、あらためて思ったのです。

「海は何もこわれてない。イカダを浮かべて、カキの種を下げてやれば、あっというまに大きくなる。海はもどってくるんだよ」

少し元気になった畠山さんは、体調のよい日に、久しぶりに舞根の子どもたちを船に乗せて沖へ出ました。

「涼しいなあ。あははは」

ひげにおおわれた笑顔で話しかけるのは、海からはなれた仮設住宅で暮らす子どもたちです。

津波に家をうばわれ、海のおそろしさを目の当たりにした子どもたち。それでも、豊かな水をたたえる故郷の海を心にきざんで欲しい。畠山さんはそう願っています。その思いにこたえるように、子どもたちは波しぶきを受けて、はしゃいでいました。

✳海を受け継ぐ

畠山さんの体調が悪いあいだ、中心になって仕事をしているのは、長男の哲さんです。

哲さんは、カキづくりの経験がまだ長くありません。それでも畠山さんは、細かな指示をだすことはしません。仕事は、自分で経験しないとわからない。大変さを乗りこえて、自分しかできない技術を身につけて欲しい。そう願っていたのです。

カキの養殖は、夏からがだいじなシーズン。収穫に向けた準備はもちろん、来年以降への、稚貝のしこみもはじまります。

カキは、水温の高い8月に、海中で数回大量の卵を生みます。「放卵」とよばれるその現象にあわせてホタテの殻を海にしずめることが、カキ養殖の第一歩。ホタテの殻にカキの卵を付着させる、「種つけ」をするのです。

その作業は、石巻でおこなわれるので、少し前の7月の終わりに、哲さんは石巻へ行っていました。浜に積まれているのは、大量のホタテの殻。哲さんはそれにふれながら、内心とても不安でした。

カキがだす卵をキャッチできるチャンスは、夏の1か月のあいだで数回と限られています。ホタテの殻をいつしずめるのかを決めるのは、経験とかん

■ カキの種つけ作業

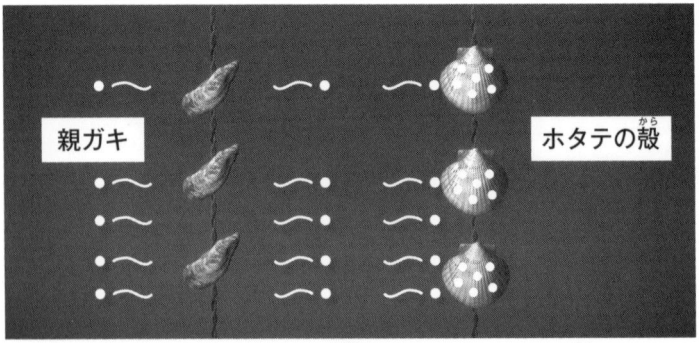

夏のあいだに数回だけある親ガキの放卵にあわせて、ホタテの殻を海にしずめ、カキの卵を殻に付着させる。

がたより。おまけに今年は、卵を産む親ガキそのものが津波で流され、この海に生きているかどうかもわかりません。

2週間前、哲さんは調査のために、ホタテの殻を少しだけ石巻の海にしずめていました。まずはそれをひき上げます。

「あっ、もう結構ついてる」

ホタテの白い殻に、黒い粒々がたくさんついています。それがカキの卵でした。例年より早く、すでに1回目の放卵がおこっていたようです。

作業をお願いしている石巻の人も言いました。

「今年は心配されたんだけんども、底にしずんだカキはやっぱり生きていたんでしょうね」

「来年はカキ養殖は無理で、どこかへ出かせぎに行くのかなって心配していたけど、まあこの種を見たらカキをやっていたほうがよさそうですね」

哲さんもひと安心です。ただ、問題がありました。今回はあくまで調査のためだったので、海にしずめたホタテの殻はわずか。すでにチャンスを1回のがしてしまったのです。

例年なら、カキの放卵はあと2、3回おこります。

「どのタイミングで、ホタテの殻を入れればいいんだろう」

それは哲さんにとってむずかしい判断でした。入れるのが早すぎると、ほかの微生物や貝が先についてしまい、カキの卵が入りこむ余地がなくなります。遅いと卵をのがしてしまいます。

哲さんは、少しまつことにしました。ところがその後、石巻には雨がふり続き、カキが卵を産むのに適した水温に上がらなかったのです。

哲さんはにくらしそうに雨を見つめて考えていました。

「まれに、放卵は一度きりの場合もある。卵がとれなかったら、来年以降の仕事ができなくなる……」

それは畠山家だけの問題ではありません。養殖場で働く舞根の人たちが、来年の仕事を失うことになります。

「このまま、まっていてだいじょうぶなのかな……」

哲さんは心配でたまりません。夜な夜な寝ないで考えていました。支出だけが増えて、収入がまったくないまま、ずっとすごすことになりかねないのです。

「親父ならどうするだろう」

こんなとき哲さんの頭に浮かぶのは、いつも父の畠山さんでした。

「親父も、これで本当にいいのかなって思いながら、いろいろ悩んで進んできたんだろうな……」

哲さんは悩んだ末、覚悟を決めました。自信のない人間には、だれもついてきません。とにかく自分が方針をしめさなければ。

3日後、哲さんは次の放卵のピークをまたずに、ホタテの殻を海にしずめたのです。

「多くの卵がつくかどうかはわからない。それでも、前回の放卵でまだ海中にただよっている卵をキャッチできる可能性はある。とにかく、来年以降の作業をゼロにすることだけは避けなくちゃ」

2週間後、カキの放卵シーズンは終わりました。結局水温は上がらないまま、放卵はあれきりおきなかったのです。

カキの成長をさまたげる、ユウレイボヤ。

9月16日。哲さんがイカダの上で、海の中からカキをひき上げています。それは、6月に偶然発見された、あのカキ。成長が早く、この秋に収穫できる見こみでした。

カキはだいぶ大きく育っていました。ところが、

「ユウレイボヤだ」

カキの周囲に、ユウレイボヤとよばれるやっかいな生き物が大量についていました。

ユウレイボヤは、カキと同じプランクトンを食べます。ほうっておいたら、カキの食べ物をうばって、成長をさまたげ

てしまいます。

ユウレイボヤ対策には、「温湯」とよばれる作業が効果的です。湯を70度ほどに沸かし、海からひき上げたカキをそこに数秒つけて、ユウレイボヤを撃退するのです。カキは殻をかたく閉じるので、数秒ならば死ぬことはありません。ただ、高温にさらすため、カキの成長に影響をあたえるおそれはあります。

「親父ならどうするかな」

考えていた哲さんは、父のことばを思いだしました。

「カキには人が映る」

あの津波を生きのこった大切なカキです。このカキをよくするも悪くするも、これから自分がする世話にかかっているのです。

「カキは、手をかければかけるだけかえってくるものも多い。子どもを育てるようにかわいがってあげたい」

はたして哲さんは、温湯とはまったくちがうことをはじめました。内海で育てているカキを、水温の低い外海へ移動させたのです。冷たい水にさらすことで、ユウレイボヤを弱らせる作戦です。

カキを傷つけないように、船を時速1キロ以下の速度にして、ゆっくりと沖へ運びます。温湯にくらべてはるかに手間がかかりますが、カキの成長を考えると、この方法がよいと哲さんは判断しました。

カキを外海へ運び、また内海へともどす作業は、1か月間も続きました。哲さんの作業を浜から見つめて、畠山さんは何も言いません。

カキ養殖をはじめて50年。それは、海から試練をあたえられ、海から学び、そして海から恵みを受け取る半世紀でした。その働く姿勢は、息子に見せています。あとは息子自身が経験を重ねること。その経験から、海に生きるものとしてわかって欲しいことがあるのです。

それでも海を信じ、生きぬけ

豊かな恵みをもたらす天国と、津波で命や暮らしをうばう地獄。海にはそのふたつが共存しています。そこで自分たちは暮らしてきて、これからも息子たちも孫たちも暮らしていく。

そこをどうか生きぬいて欲しいと、畠山さんは願っていました。

11月半ば。いよいよ収穫の日がきました。

哲さんがイカダからひき上げたカキは、いつもの年にくらべて、量はごくわずか。

でも、ユウレイボヤはすっかり消えて、大きさは申し分ありません。

「きれいだなぁ」

カキをひとつ手にとると、哲さんは思わず言いました。

「中はどうだろう」

出荷するかどうかは、その品質を見て決めます。哲さんは、殻のあいだに専用のナイフをさしこみ、カキをこじあけました。

「ん！　まあまあだ」

声がはずみます。カキは、身の端にあるヒダが厚いものがよいとされています。

そのカキのヒダは、食べごたえのありそうな厚みでした。

哲さんは収穫を終えると、浜へともどりました。船から、桟橋に立つ父の姿が見えていました。

「まってたの？」

哲さんが声をかけると、畠山さんはニヤッと笑って言いました。

「心配だから」

「何が心配だ」と、哲さんは大笑いしながら、桟橋にカキを上げました。

「こんな感じですがどうでしょうか？」

畠山さんはそのカキを手にとり、殻のあいだにナイフを入れました。ゆっくりと、味わうように貝柱を切ると、2枚の殻を開きます。

「お～！　上等じゃない！」

光沢のある殻に横たわったカキの身に、畠山さんは喜びの声を上げました。それから、まちきれないように、そのカキを口へと運びます。

だまって、長いことかみしめる畠山さん。やがて、こう言いました。

「うん。舞根の海の味だね。うん、だいじょうぶだ！」

畠山さんたち親子は、これから先も舞根の海と暮らしていきます。

さらにもうひとつカキを食べると、「あ～、うまいっ！」と笑います。見ている哲さんも、つられて笑いだしました。

「こんなに早くカキ食えるようになるとは思わなかったね。我が息子も大したもんだ。3代目はだいじょうぶだね。わはははは」

その頃、ふたりのもとに、石巻からうれしい知らせが届きました。

卵をとるためにしずめたホタテの殻に、みごとにカキの卵がたくさんついていたのです。哲さんは自分で決断し、来年への望みをなんとかつなぐことができました。

哲さんは力強く言いました。

「来年も、がんばった分だけいいカキができる。当然やるよ！」

津波がこようが、しけになろうが、海を憎む気持ちはない。再び実りをもたらしてくれた舞根の海。おだやかな波を、親子は目を細めて見つめていました。

プロフェッショナルとは

いろんな場面場面がありますけど、なんとかそういう中をやっぱりくぐりぬけていける人間がプロフェッショナルじゃないですかね。なんとかやっぱりそういう中を生きぬいていくっていうことですよね。

第170回2011年12月12日放送

こんなところがプロフェッショナル！

森を育てる漁師、畠山重篤さん。
そのほかにもこんなところがすごいよ。

新しい学問へと広がる

畠山さんたちの活動は教科書にとり上げられるなど、学問の分野にも広がっています。2004年には、いままで別々に考えられていた森・川・海を関連づけて研究する、森里海連環学という学問も生まれました。

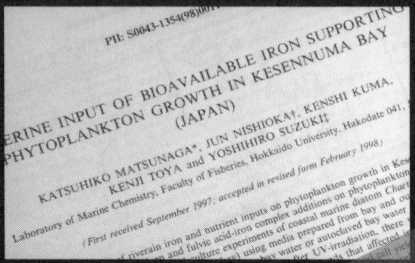
PII: S0043-1354(98)00

ERINE INPUT OF BIOAVAILABLE IRON SUPPORTING
PHYTOPLANKTON GROWTH IN KESENNUMA BAY
(JAPAN)

KATSUHIKO MATSUNAGA*, JUN NISHIOKA†, KENSHI KUMA,
KENJI TOYA and YOSHIHIRO SUZUKI‡

Laboratory of Marine Chemistry, Faculty of Fisheries, Hokkaido University, Hakodate 041,

(*First received September 1997; accepted in revised form February 1998*)

地域の未来がかかっている

世帯の3分の1以上がカキ養殖で暮らしていた舞根地区。震災によってこの場所をはなれる住人も出てくる中で、畠山さんは、地域の産業を復活させるため、養殖の仕事をけっしてあきらめませんでした。

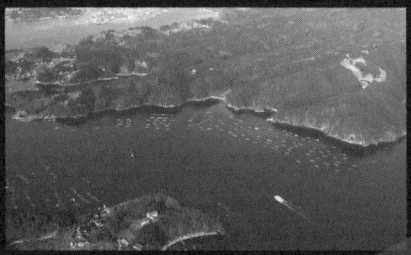

森を守るヒーロー！

2012年には国連森林フォーラムから、森を守る活動の功績で「フォレストヒーローズ」として表彰されました。畠山さんの活動は、世界的に見ても影響力をもっています。

人の心に木を植える

畠山さんが木を植える活動と同じくらい大事にしているのが、自然環境と自分たちのつながりを考えられる人を増やすことです。毎年、全国の小中学生に体験学習をしてもらうことを通じて、心に「環境を考える」という木を植えているのです。

プロフェッショナルの格言

カキ養殖を手がける、畠山重篤さんのことばを心にきざもう。

自分のやり方をつらぬきなさい

カキ養殖が成り立たず、絶望の中にあったかつての畠山さん。母から、自分の信念をつらぬくことの大切さを教わりました。畠山さんが下を向きそうになるたび、背中をおしてくれる大切なことばです。

カキには人が映る

カキは環境の影響を大きく受けるため、人が水をよごすと、味や大きさも変わってしまいます。畠山さんにとってカキは、人間の行動を反映する、先生のような存在なのです。

それでも海を信じ、生きぬけ

50年にもわたるカキ養殖の中で、さまざまな試練と多くの恵みを海から受けとってきた畠山さん。自分の子どもたちにはこの先も、どうか希望をもって、海とともに生きていって欲しいと願っています。

探検(たんけん)こそが、人生を彩(いろど)る

チーズ農家

吉田全作(よしだぜんさく)

火を通すと、豊かなミルクの風味が香りたつ、カチョカバロ。
モチモチした食感と、ジューシーさをあわせ持つ、モッツァレラ。
料理人たちをとりこにするそのチーズは、
岡山県の山あいに孫たちと暮らす、この男がつくっている。
ひとたび工房に入るや、男はきびしい顔つきでミルクをにらみ、
全身全霊を目の前のチーズづくりに注ぎこむ。
生きる意味を求めて、28歳で飛びこんだ酪農の世界。
牛を飼い、レシピ片手につくったチーズは、カビだらけになった。
世界各地で数千年かけてつちかわれてきたチーズづくりは、
マニュアルや数値でまねできるものではない。
それに気づいた男は、この土地でできる自分のチーズをきわめた。
あとをたくす息子とともに、究極のチーズづくりに千年の夢をかける。

✳チーズ界の革命児

早朝5時。岡山県の山間の集落で、トレードマークの手ぬぐいを頭に巻いて、家から牧場へと向かう男の人がいます。チーズ職人の吉田全作さんです。

まだまだ暑い夏のさかり。明け方に目がさめたからか、ちょっぴり眠そうなようすの吉田さん。その1日は、自分の牧場で飼っている50頭の牛の乳しぼりからはじまります。

大手メーカーなどのつくるチーズは、いくつかの牧場から買い集めたミルクを原料にして、工場で製造されています。原料は低温で殺菌されていて、いつ食べても同じ味になるようにつくられます。

いっぽう吉田さんは、自分で牛を飼育し、その乳でチーズをつくっています。農家が自分のところで手づくりするチーズは、しぼりたてのミルクが原料で、殺菌もされていません。季節によって牛が食べる草もちがうので、ミルクの味や色も変わります。

午前10時。早朝からしぼり続けた乳をつかって、チーズづくりがはじまりました。工房には一気に緊張感がただよいます。

この日、吉田さんがつくろうとしていたのは、「モッツァレラ」というチーズです。「フレッシュタイプ」とよばれるチーズの一種で、もともとはイタリアの南西部で生まれました。形は丸く、見た目は白くつるっとしています。さわるとやわらかですが、弾力があります。

吉田さんは、しぼったばかりの新鮮なミルクを大鍋になみなみと注ぎ、熱しました。そこに加えるのは、チーズづくりに欠かせない乳酸菌。ただ、同じチーズをつくるのでも、その量やつくり方は日々同じではありません。

「どれくらい？　７００ミリリットル？」

乳酸菌の量をたずねたのは、吉田さんの息子の原野さん。

「６５０くらいかな」

ミルクの成分は牛の体調によって変わるため、発酵の進み具合も日々ちがいます。この日は、出産直後の牛の牛乳が２頭分入っていたため、吉田さんは乳酸菌の量をいつもより50ミリリットルへらしました。

「出産して最初にだすお乳は、ほかの乳と成分がかなりちがう。それがたくさん入っていると発酵が早くなったりするからな」

そう言われて原野さんは、言われた量の乳酸菌をミルクに注ぎました。

チーズづくりは、ミルクに乳酸菌を加えて発酵させる作業からはじまります。

そこに酵素を加えてゆるく固まったところに、切れ目を入れてかき混ぜたりすると、ミルクは液体（ホエー）と固体分（カード）に分かれ、鍋の底にカードがしずみます。

そのとき切れ目を細かくしたり荒くしたり、混ぜ方を変えたりすることで、チーズからどのくらい水分がぬけるかが決まります。

さらにそのあと、鍋にたまったカードをとりだし熟成させます。熟成とは、チーズをしばらくおいて味をなじませること。どのくらい熟成させるかによって、チーズは、やわらかでつくりたてを食べるタイプから、固くて保存がきくタイプまで、幅広い種類に分かれるのです。

■ チーズのつくり方

チーズは種類によってつくり方がちがいます。ここでは、「ナチュラルチーズ」とよばれる種類のつくり方を紹介します。

❶ しぼったミルクを乳酸菌で発酵させたあと、酵素を入れる。

❷ ゆるく固まった状態で切れ目を入れる。

❸ かき混ぜると、液体（ホエー）と固体分（カード）に分かれる。

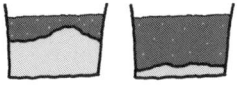

❹ このときの切り方や混ぜ方で、ホエーとカードの割合が変わる。

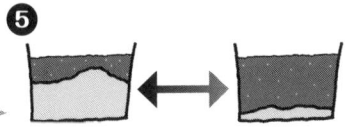

❺ さらにカードの熟成のさせ方で、さまざまな種類のチーズになる。

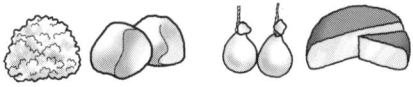

風土の力を、凝縮する

チーズは、はじめに混ぜる乳酸菌だけではなく、熟成中にもさまざまな微生物（菌）の力を借りてつくります。微生物は、その土地の気候や地形、土や水などによって、種類も働き具合もちがいます。そのため、同じ材料で同じチーズをつくっても、ちがう場所や季節で熟成させると風味がちがってきます。それがチーズの魅力です。土地ごとのさまざまな条件を知り、微生物の力をひき出すことで、その土地ならではの味わいを生みだす。それがチーズづくりなのです。

吉田さんは、ゆるく固まったミルクに指を入れ、その固まり具合を確かめると、いよいよ切れ目を入れて固体と液体を分ける工程に入りました。

吉田さんのモッツァレラチーズは、かんだときにミルクがあふれるジューシーさが特徴です。水分をぬきすぎてしまうと、やわらかな食感が失われてしまうので、この作業もかんたんではありません。

神経をとぎすまし、ミルクをかき混ぜる吉田さん。

吉田さんは専用のカッターで、ゆるく固まったミルクに、さいの目状に切れ目を入れました。

ミルクをじっと見つめる吉田さん。もうすぐその切り口から液体がしみだしてきます。そのときがくるのをまっていました。

おもむろに、吉田さんは切ったミルクを混ぜはじめました。どのタイミングで、どのくらいの力で、どれくらいかき混ぜるか。しみだす液の量と色、さらにかき混ぜるときに感じる手ごたえに、吉田さんは神経をとぎすませています。

それは、何分まつとか、何回混ぜるとか、数値で計りきれる仕事ではありません。これまでに同じ作業をなんども経験して身につけた感覚で、吉田さんは手を動かしているのです。

「いい状態でつくれたときのやり方が、次のときに必ずしも応用できないということがたくさんある」

吉田さんはそう言います。

「こういうときはこの程度かなっていう、その感覚をだいじにしないと。いつまでたっても数字ばっかり追っていると、わからなくなる」

かき混ぜてからおよそ1時間半。ミルクの中のカードをひっぱってのばしてみると、ちょうどいいのび具合になっていました。

「OK」

吉田さんは、そのカードの大きなかたまりをとりだし、ナイフで細かくカットしていきました。

さあ、いよいよ仕上げです。きざんだカードを木の容器に入れると、息子の原野さんが、そこに沸騰した食塩水を注ぎました。

原野さんは、両手にしゃもじをもってカードをすくってのばしながら、食塩水を織りこむように、手早く練り上げていきます。練られたカードは、まるでつきたてのお餅のようにのびます。

原野さんは、最高ののびやかさになったカードを熱湯からとりだし、吉田さんの前におかれた木の容器へ移しました。

熱々のカードをものともせず、吉田さんはそれを丸く形づくると、ちぎって冷水にひたしました。一気に冷やして発酵を止めるのです。

ちぎっては冷水へ、ちぎっては冷水へ。「モッツァレラ」の名は、イタリア語で「ち

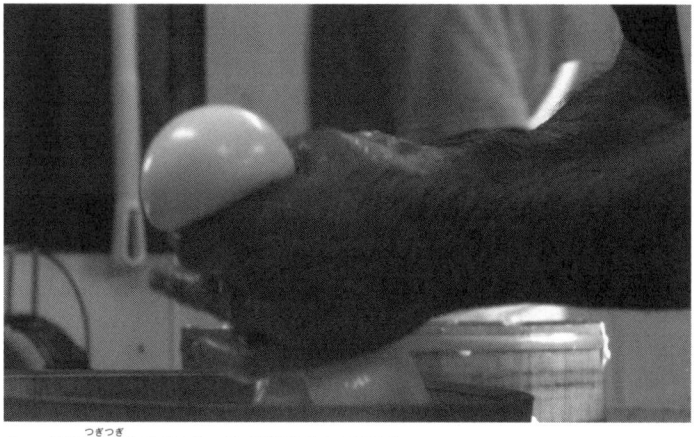

カードを次々と丸めて、冷水にひたしていく。

ぎる」を意味する「モッツアーレ」が語源なのです。

吉田さんは、冷水からモッツァレラをとりだしました。真っ白でつやつや。モチモチでジューシーなチーズができ上がりました。

モッツァレラは、吉田さんのチーズの代名詞です。

「わきでてくるこのミルクのおいしさ！」「まさに自分が求めていた味だ」と、全国の料理人から、注文があいつぎます。

焼いてもしっかりした弾力を保ち、食べると口どけがなめらかなのが、人気の秘密なのです。

吉田さんの工房では、８種類のチーズがつくられています。

たとえば、「リコッタ」は、固めたミルクからでたホエーを加熱して固めたチーズ。なめらかな舌ざわりとほのかな甘みをもつ、デザートのようなチーズです。

「カチョカバロ」はめずらしいチーズで、モッツァレラより細かく切れ目を入れ、それから念入りに混ぜていきます。そしてカードから水分を強めにしぼり、それを

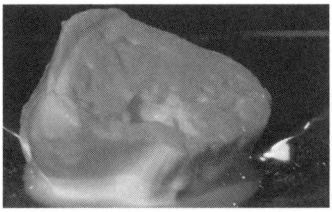
モッツァレラ

リコッタ

カチョカバロ

さまざまな種類のチーズをつくっている吉田さん。

1週間熟成させるとでき上がります。カチョカバロは、水分がぬけ、旨味が凝縮されたチーズで、フライパンで焼くと、ミルクの風味をのこしつつもさっぱりした味わいが広がります。

吉田さんはチーズづくりの技術の高さで知られていますが、チーズがおいしい理由は、その技術のためだけではありません。

真夏のこの時期、吉田さんが長い時間をかけておこなうのが、牧場の草刈りです。「牛たちが健康を保てるように」という思いから、牛が牧草を食べやすいように、じゃまになる雑草を刈り続けます。牧場は4ヘクタールもあるので1日では済みません。今日はここ、明日はここと場所を分けながら、吉田さんは雑草を刈っていました。

さらに吉田さんは、牧場内にとがった石が落ちていると、それを一つひとつとりのぞきます。「牛がけがをしないように」と、しゃがんでは拾い、しゃがんでは拾い、気の遠くなるような作業にもくもくと取り組みます。

吉田さんは、牛舎の掃除も欠かしません。牛が牧場で草を食べているあいだに、牛舎をきれいにはいて回ります。「牛舎ににおいがついていると、牛乳ににおいが移るから」だと言います。

ささいな仕事にも完璧を求めるのは、小

炎天下であっても、牛たちのために石を拾う。

さな作業のひとつとて、味に影響しないものはないからです。

味は、すべての作業の積み重ねで決まる

「チーズをつくるときだけは五感をとぎすます、とか言ったほうが職人みたいに見えるけれど、そういうことじゃない。毎日しなきゃいけないことをきちっとして、いろんな細かいことをひとつずつやって、それがひとつのまとまりとなって完成する仕事だから」

草刈りも石拾いも牛舎の掃除も、それを毎日手ぬきなく続けることが、チーズをつくる技術と同じくらいだいじだと、吉田さんは思っているのです。

✳チーズづくりの原点へ

吉田さんは、数年に一度、大切な旅をします。この夏訪れたのは、ヒマラヤのふもとのブータン王国。チーズづくりはアジアではじまったという説もあり、ブータ

ンでも、昔からチーズがつくられてきました。この旅で、チーズづくりの原点となる暮らしを見つめたかったのです。

吉田さんがめざすのは、富士山よりもっと高い、標高４０００メートルを超える山あいの村です。

「はー、はー、はー」

山登りの装備で、息を切らしながら細い山道をのぼり、歩くこと7時間半。吉田さんは目的地のトンブー地区に到着しました。でむかえてくれたのは、キンザムさん一家です。

キンザムさんは遊牧民。ヤクというウシ科の家畜を飼い、その乳で食べ物をつくって暮らしています。チーズづくりを育んだ遊牧民の暮らし。それが見たかった吉田さんはうれしくて、休憩もとらずにヤクの乳しぼりをさせてもらいました。

「1回に出る量がぜんぜんちがうね」

家の中には大小さまざまな大きさのチーズが保存され、熟成を重ねていました。そのひとつを、キンザムさんの奥さんが、吉田さんのために切ってくれました。

ヤクの乳からチーズをつくる、キンザムさん一家。

においをかぎ、ゆっくり味わいます。

それは、何世代にもわたってここで暮らし、つくり続けるからこそ生まれるこの土地のチーズでした。

「自分のような職人が技を追う程度ではたどりつけない、ゆるぎない知恵がある」

吉田さんはそう思いました。

奥さんは、家の中のいろりで、実際にチーズづくりを見せてくれました。大鍋にヤクの乳を熱し、そこにヨーグルトを注ぎます。乳酸菌の働きで、じょじょにヤクの乳が固まってきます。それを奥さんはゆっくりかき混ぜました。

その工程を吉田さんはじっと見つめます。

器にもられたできたてのチーズは、見た目は「カッテージチーズ」のよう。まだ湯気を立てています。吉田さんはさっそく、そのチーズをスプーンですくって食べはじめました。

「おいしいおいしい。これはタンパク質のかたまりだ。脂肪をぬいてつくってるから、イタリアのチーズとはちょっとちがいますね。でもおいしい！」

世代を超えて受け継がれ、続いていくチーズづくりの重みを、吉田さんはかみしめていました。

吉田さんはこれまで、イランやモンゴルにも遊牧民を訪ね、その暮らしとチーズづくりを学んできました。チーズづくりが暮らしとともにある人々との出会いは、吉田さんに、こんなことを感じさせます。

暮らしの積み重ねが、知恵となる

きびしい自然環境の中で生まれ育ち、チーズをつくって食べていかなければ生きていけない人たち。何ひとつおろそかにできず、ひとつでもおろそかにしたら、死んでしまうかもしれない生活がここにはあるのです。

「でも、そんなきびしい環境でのチーズづくりを、楽しみながら生活している。ぼくがそれをできないわけがない！」

吉田さんはあらためてそう思い、4日間の旅を終えました。そして山を下り、チーズづくりの日々にもどっていったのです。

✳遠回りの人生

都会をはなれ、自然の中で妻と息子夫婦と孫の3世代で暮らしている吉田さん。ひとつ、決めていることがあります。

「家族でつくれる以上の量のチーズは、つくらない」

それは、品質を落とさないためでもありますが、家族との団らんを守るためでもありました。吉田さんのチーズが食べたくて、「もっとつくって欲しい」という買い手もたくさんいますが、量産しないことは、吉田さんにとってゆずれないこだわりなのです。

「自分の好きなことができて、家族も飢えないで生活できているんだから十分豊かだ。これ以上何があるの？　お金のために生活しているわけじゃない」

牛を世話し、チーズをつくり、孫との散歩の時間も大切にする。そんな幸せな生活が軌道に乗るまでには、実は大変な道のりがありました。

吉田さんは岡山市生まれ。小さいときから好奇心旺盛で、北海道大学時代に夢中になったのは、探検部の活動でした。アリューシャン列島や知床など、極限の世界を切りぬけるのが、なにより楽しかったのです。

卒業と同時に結婚し、サラリーマンの仕事につきましたが、配属された経理の仕事は机だけに向かう日々。

「このままのんきに人生を終えるのか？　このままじゃ死にきれない。まだ何もしてないじゃん、おれは」

そう思うと、極限の世界に向かっていた探検部時代の情熱がよみがえり、おさえる

アリューシャン列島を探検したときの吉田さん。

ことができなくなったのです。

そんなある日、吉田さんは妻が読んでいた雑誌の記事に目をうばわれました。そこには、フランスのノルマンディー地方で、伝統的なチーズづくりを営む老夫婦の姿があったのです。自然と一体となった暮らしが、吉田さんは無性にうらやましくなりました。

「このおじさんとおばさんがつくれるんなら、自分にもつくれるだろう」

このまま自分の精神が不安定では、家族にもよくない。そう思った吉田さんは、やったこともない酪農の世界に飛びこんだのです。

牛は廃業した農家からゆずってもらい、チーズづくりはマニュアル本を片手にはじめました。でも、まったくうまくいきません。ミルクの分量も温度もマニュアルどおりなのに、チーズにすさまじいカビが生えてしまうのです。むだにしたチーズを地面にうめる日々が続きました。

「いったい、どこをまちがえているんだろう？」

吉田さんは、あの雑誌で見た老夫婦に直接教えてもらおうと、フランスへ飛びました。

町に着くと、その夫婦はもう10年も前にさったと告げられました。しかたなく吉田さんは近くのチーズ農家に飛びこみ、チーズづくりを見せて欲しいとたのみます。

吉田さんが職人のかたわらで、牛乳を温める温度や、発酵させるときの酸性度などの数値を徹底的にメモしていると、若い職人があきれた顔で言いました。

「あなたは日本でつくるんだろう？　それなら、あなたなりのつくり方を探すほうが、だいじなんじゃないのか？」

チーズづくりは、その土地の自然の力を借りておこなうもの。ほかの土地のつくり方をまねしても、同じようにはできないというのです。

そのとき吉田さんは、探検部時代に学んだことを思いだしました。

迷ったときは、たとえ遠回りでも、尾根に登れ

山で迷ったときは、遠回りに思えても、尾根に登る地道な道を選ぶのが絶対の原則です。沢に下りるほうがかんたんですが、そうすると崖があったりして危ないのです。尾根は山の峰と峰とを結ぶ高いところなので、そこへ行けば、見晴らしがよくなり、迷い道から脱せるという教えでした。

そこで吉田さんはその教えを胸に、遠回りでも、できることを地道にやろうと決めたのです。

岡山へもどると、まずはミルクの質を上げるために、牛の飼い方を放牧に変えました。牛舎に閉じこめると、牛にはストレスがかかるからです。牛の品種も、放牧に向く種類を探し、外国から輸入しました。牛が食べる牧草の種類もよりよいものに変え、牛のじゃまになる草を刈り、石を拾いました。

さらに発酵の決め手である乳酸菌も、買ってくるのではなく、この土地にすむ菌

を育てて自分でつくることにしました。

そうして3年ほどすると、カビに苦しんでいたチーズが、見ちがえるほどおいしくできるようになったのです。

そんな頃、思いがけない人が吉田さんを訪ねてきました。それは、イタリア大使館の参事官、サルバトーレ・ピンナさんです。ピンナさんは言いました。

「日本では新鮮なモッツァレラが手に入らず、こまっているんです」

そして、吉田さんにつくり方をひととおり教えると、「いいものが完成したらぜひ送って欲しい」と告げて帰っていきました。

モッツァレラは、つくるのがとてもむずかしいチーズです。でも吉田さんは、この注文に勇気をだして挑みました。

そして1年後。みごとなチーズを完成させて、大使館に届けたのです。ピンナさんはそのチーズを食べて、「100点のできだ」と吉田さんをほめました。ふつうは何年もかけて習得するチーズを、吉田さんはみごとにつくり上げたのです。

それからというもの、吉田さんのチーズはイタリア大使館のパーティーでつかわれるようになり、やがておいしいチーズをつくる吉田さんの名前は、広く知られるようになりました。

チーズ農家になって25年がたった吉田さんは、つねに険しい道を選んだからこそ、いまがあると思っています。

「自分の思ったことを実現するためには、いろんな道がある。かんたんそうに見える道とか、しんどそうな道とか。岐路に立ったときに選ぶのは、必ずめんどうくさいほうを選ぶんだ。そうしてきたんです。そうすると必ず成功するから」

めんどうくさいことはだれもしないし、めんどうくさい道のほうにヒントは転がっている。それを吉田さんは経験の中で学んだのです。

✳千年後に向けて

吉田さんは、新たな挑戦をはじめています。ハードチーズとよばれるチーズづくりにチャレンジしているのです。

ハードチーズは大きくてかたいチーズで、ひとつの重さが15キロにもなります。しこみを担当しているのは息子の原野さんですが、若くて力持ちの原野さんでも、鍋からとりだすのに、ロープをかけてひっぱり上げるほど。そこからプレス機で15時間以上圧力をかけ、じわじわと水分をしぼりだします。そうするのは、このチーズを1年以上かけて熟成させるためでした。

吉田さんはこのチーズに、大きな夢をたくしていました。前年、1千万円ものお金をかけて、このチーズのための熟成庫をつくりました。

熟成庫は地表から7メートルの深さにあり、壁や天井は分厚いコンクリートでおおわれています。電気をつかわず、温度も湿度も自然にまかせて、ゆっくり熟成させるための倉庫でした。

頭にあるのは、イタリアチーズの王様とよばれる「パルミジャーノレッジャーノ」。数年にわたって熟成させた、味わい深いチーズです。それと同じように、吉田さんは、数年かけて熟成させるチーズをつくろうとしていました。

ただそのチーズは、結果が見えるまでに、しこみから最低でも1年かかります。

熟成庫にはすでにたくさんのハードチーズが並べられ、熟成が進んでいました。

吉田さん親子は、その一つひとつを見て回り、専用の道具をさしこむと、内部をほんの少しとって、口にふくみました。

「これまたちょっとちがうね。まだ若々しいね」

かみしめながら吉田さんが言うと、原野さんもこたえました。

「酸味が強いんだよ」

まだ求める味にはほど遠く、ふたりは、どうつくり方を変えたらよいのか探っていました。むずかしい挑戦です。でも完成すれば、この土地の風土をとじこめた、この

熟成庫でつくるのは、1年以上かけて熟成させるハードチーズ。

土地でしかつくれないチーズができます。それが吉田さんの夢なのです。

地下では、温度や湿度の変化がゆるやかです。このチーズは、その中でしかつくれません。自分たちの努力の上にある、この地域の風土の力が、チーズをつくり上げてくれるのです。

「寝ついた子どもなんだ。寝ているあいだに成長しなさいって思いをこめるしかない」

吉田さんはそう言いながら、熟成庫のチーズたちを見つめていました。

吉田さんがこのチーズづくりにこめる願いは、それだけではありません。

吉田さんはこのとき58歳。のこされた時間をすべてついやしても、このチーズづくりをきわめるには、時間が足りないかもしれないと感じています。これからも毎年続く試行錯誤。それを自分がどこまでくり返せるか、わからないのです。

吉田さんは、チーズの完成への道を、息子の原野さんにたくすことにしていました。でも、自分の思いをどれだけ伝えられるか、吉田さんにはまだ不安がありました。

「ぼくみたいに、めんどうくさいことや苦しいことを楽しめるようになるには、やっぱりもっとかかるかな。原野は、性格もちがうし。2代目はやっぱりきびしい。精神的にも。1代目はやりたいと思ってやってるけど、2代目はそれだけじゃないからな」

吉田さんはそう思っていました。2代目は1代目の苦労の上に仕事を引き継ぎ、楽になる。でもその分大変なんだ、と原野さんのことを心配していたのです。

原野さんは8年前、父のチーズづくりは効率が悪すぎると反発しました。

「おれは自分の時間が欲しい。休みが欲しい」

「そんなこと考えてる場合じゃないだろ！」

自分の不満を否定した父に、原野さんは腹をたて、

「そんなの理不尽だ！」

と父をなぐって家を飛びだしました。

しかしその後、フランスでチーズづくりの修業をし、父がしていた作業の一つひとつに意味があることを思い知らされたのです。

いまでは、チーズづくりに本気で取り組み、いろいろなことを学ぼうと、考え方

も変わってきています。

ハードチーズづくりでは、熟成をじゃまする雑菌の繁殖をおさえるために、チーズの表面を塩水でふく作業が欠かせませんが、原野さんは、毎日一つひとつ、ようすを見ながらチーズをふく地道な作業も、もくもくとくり返しています。

それでも吉田さんは、職人として、原野さんに教えておかなければならないことがまだあると感じていました。

その日吉田さんは、熟成庫で、ひとつのチーズを原野さんに試食させようとしました。

「コイツ、しょっぱいんだよ」

食べる前から、原野さんはそう言って笑います。それは、原野さんが「おいしくない」とあきらめていたチーズでした。ところが、

「ん？」

かみしめながら、原野さんは不思議そうな顔をします。おいしいのです。

熟成庫のチーズをつうじて、原野さんに大切なことを教えたかった。

「すごくうまいでしょ？　脂肪がぬけてかたいから、塩がしみないんだ」

「おもしろい！　おれ、もうさじ投げてた」

「だめだよ、そういうことしちゃ。おまえがこの子だけほったらかしにしていたのをぼくがときどきふいていたの。まだね、いつどんな子になるかわからないから。だいじにしなきゃだめだって」

「はい。これうまいわ」

「でしょ！」

どんなことから学びが得られるかはわかりません。だからこそ、地道な作業を完璧にやれと、吉田さんは原野さんに教えたのでした。
原野さんは思いました。
「やればやるだけ、何もわかっちゃねぇなっていうのがわかってくる。足りないことだらけだ。知識も経験も。経験はすぐに得られるものではないから、こういう単純な仕事でも、毎日続けていると見えてくることがあるなあ」

9月下旬。吉田さんの工房では、創立25周年を祝うパーティーが開かれました。ささえてくれた150人が全国から集まり、親子がつくったチーズには人だかりができています。
「原野さん、これは新作？」
「そうです、ハードタイプ。地下の熟成庫でつくったんです」
この日ふたりは、挑戦中のハードチーズをはじめて披露しました。熟成して1年半になるチーズです。
「おいしいですね」

吉田さんたち一家の工房は、これから先もずっと続いていく。

「料理につかってもいいでしょうし、このまま食べるのがいちばんありがたみを感じる」

吉田さんが取り組む〝風土に根ざす仕事〟は、2代目、3代目と、世代を超えて続いてこそ意味があります。でも吉田さんの工房はまだ1代目。25年がすぎたばかりです。

吉田さんは、ある思いを、集まった仲間に話しはじめました。

「みなさんが立っておられるこの下に、大きな地下室があるんです。そこで、ハードタイプのチーズをつくりはじめています。ちょっと大げさですが、そのチーズは、これから何千年ものこっていくと思うんです。それをこれからつないでいく2代目を紹介したいと思います。原野くーん」

よばれた原野さんは、緊張しながらみんなの前にでました。

「いままで父と母が苦労もしながら築いてきた土台や、吉田牧場の文化があると思いますが、それをしっかり大切にしながらチーズづくりを続けていきたいです。いまつくっているチーズはもっとおいしくして、また新しいものもつくったりしながら、自分の色を重ねていきたいと思います！」

父から子へ、あとに続く道を、原野さんは確かに歩みはじめました。

この地で暮らしを重ね、ゆるぎない知恵を重ね、千年先を見つめた夢のチーズづくりは続くのです。

プロフェッショナルとは

後世にちゃんと伝えられる
仕事をするってこと。
考えられること、やれることはすべてやる。
やれるだろうと思うこともすべてやる。

第218回2013年10月14日放送

こんなところがプロフェッショナル！

千年続くチーズづくりをめざす、吉田全作さん。
こんなところがすごいよ。

幻とよばれるチーズ

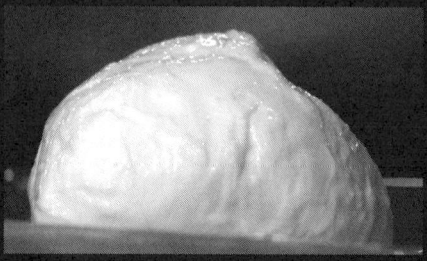

吉田さんのチーズは、全国の料理人から注文が絶えません。手に入れるのがむずかしく「幻のチーズ」とよばれるほど。品質を落とさず、家族での生活や団らんを守るため、量産するつもりはないと言います。

真剣勝負の毎日

その日のさまざまな条件によって、配分やつくり方が変わるというチーズづくり。一つひとつの手順に、知識と経験を求められているのです。吉田さんは、毎日マニュアルのない真剣勝負を続けています。

あくなき探求心

どんなに細かい仕事でも手をぬかず、さらに新たなチーズへの挑戦を続ける吉田さん。自宅にもどってからもチーズにまつわる論文を調べては、生かせることはないかを調べるそうです。

独自の高みへ

さまざまな困難を乗りこえた結果、現在では全国的に注目されている吉田さんのチーズ。しかし、いまの状態が最高だとは考えていないそうです。さらにおいしいチーズをつくるため、この闘いは、まだまだ続くのです。

プロフェッショナルの格言

探検を続けるチーズ職人、吉田全作さんのことばを心にきざもう。

風土の力を、凝縮する

同じ材料をつかっても、熟成させる場所によって風味が変わるチーズづくり。吉田さんが追い求めているのは、自分の土地を知り、自然の力をひきだした、この土地ならではのチーズなのです。

ささいな仕事にも完璧を求める

吉田さんのチーズづくりは、牧場の草刈りや掃除からすでにはじまっています。毎日の積み重ねがチーズの味に影響するため、地道な作業こそが、チーズをつくる技術と同じくらい大切なのだと言います。

遠回りでも、できることを地道に

山で迷ったときは、遠回りに思えても、尾根に登る地道な道を選ぶという原則があります。吉田さんが大学時代に熱中した探検部で学んだ教えは、チーズづくりでも生かされています。

開拓せよ、最強の一本釣り

カツオ漁師

明神学武

カツオ漁の町で知られる高知県の黒潮町に
水揚げ日本一をなんども記録する、最強の漁船がある。
23人の船員を率いるのは、豪快な漁師と思いきや、
やさしくおっとりした性格の男。
ハイテク機材と頭脳で、だれも思いもつかない漁場を見つける。
スゴ腕の父との腕の差に悩みながら、自分だけのやり方を見つけた。
家族をふるさとにのこし、船員とともに300日。
一瞬の判断ミスが何千万円ものかせぎをのがす世界で、
今日は福島、明日は八戸、
男は人生をかけてカツオを追う。

✳カツオ船の漁労長

高知県幡多郡黒潮町。太平洋に面したこの町で、ひとりの男の人が自宅のこたつでミカンを片手にテレビを見ています。

「ダメ人間なってしまうね。起きて、食べて、寝て、起きて、食べて、寝て」

寝グセのついた頭で妻に語りかけると、妻は台所から笑って言い返します。

「起こしても、起こしても、ちょっとまって～言うてから、1、2時間ずっと寝たりするけん。かんにんぶくろの緒が切れる」

それを聞いて、笑いながらもうひとふさミカンを食べるのは、明神学武さん。カツオ漁師です。間もなく300日におよぶ航海に出る明神さんにとって、いまはつかの間の休息でした。

明神さんたちがおこなうカツオの一本釣り漁は、カツオの群れを探して航海をくり返し、群れを見つけると釣りざおをつかって1匹ずつ釣り上げる独特の漁法です。

ベテランであれば、2秒に1匹くらいのペースで次々と釣り上げていきます。

何匹ものカツオが高々と宙を舞うようすは、まさに豪快そのもの。400年以上の歴史がある伝統的な漁法で、現在でも高知県の重要な産業です。

2014年2月1日。出航の日が来ました。港にはたくさんの人が見送りに来て、船に乗りこもうとする明神さんに、さし入れやせん別を渡しています。

明神さんは、漁船の最高責任者の「漁労長」。船員23名の命を預かり、カツオ漁を指揮します。2013年、過去最高の水揚げ高で日本

日本一のカツオ漁船の出航に、多くの見送りが集まった。

一に輝いた明神さんは、町の英雄なのです。

「マービー、釣ってきいよ」

子どもたちまで親しげにニックネームでよんで、明神さんに声をかけます。明神さんはうれしそうに、みんなに手をふりました。

その中には、妻のめぐみさんや息子たちもいます。町中みんなに親しまれる明神さんを誇らしく思いながら、それでもどこか心配そうな顔をしていました。

カツオ漁は危険ととなり合わせ。毎年、命を落とす人がでるのも事実なのです。汽笛を上げて海へ出ていく船には、「第83佐賀明神丸」の文字。めぐみさんはその船を大声で見送りました。

「いっぱい釣ってきいよー。学武がんばれー！」

手をふってこたえる明神さんが西日のかなたに見えなくなると、めぐみさんはそっと涙をふきました。

第83佐賀明神丸は、やがて大海原にでました。漁船は夜を徹して走ります。その夜は月もなく、海は真っ暗。先の見えない中を、船は波を切って進んでいきます。

時刻は深夜1時。

船員が寝静まる中、明神さんはひとり船室で働いていました。どの海域で、どのようにしてカツオをとるか、戦略を練るためです。

カツオは、幅100キロの黒潮に乗って、太平洋を群れで北上する魚です。でも、毎年のように泳ぐルートを変えるため、どこにあらわれるかはわかりません。

どこにカツオの群れがあらわれるかを見きわめ、そこへ船を向かわせるのが、漁労長のなによりだいじな仕事なのです。

明神さんは、カツオの群れの行動を読むその分析力が、ズバぬけて高いと言われています。

その日も2時間かけて最新のデータを調べ、こう判断しました。

「ねらいは福島県沖やね。500マイルくらい」

午前3時。福島県沖800キロの地点についた船内に「ジリリリリリー」と、ベルが鳴りひびきました。それを合図に、起きてきた23名の船員は臨戦態勢に入ります。

ハイテク機器に囲まれた、第83佐賀明神丸の操縦室。

明神さんも、船の司令塔となる操縦席へと移動。

そこには、カツオの群れをピンポイントで探すために、総額6000万円もかけたハイテク機器がありました。

音波を利用して、小さなプランクトンまで探知する、高感度の「ソナー」とよばれる装置です。25キロ先の海鳥をも、細かくとらえるレーダー。海水温を0コンマ1度きざみで映しだす衛星画像。

それらをつかって、明神さんはカツオの群れがどこにあらわれるかを推理するのです。

明神さんには、漁にのぞむとき、強く

心にとめている信念がありました。

開拓者たれ

カツオ漁師たちは、その日どこでどれくらいの量のカツオがとれたか、たがいに教え合うのが習わしです。それはノートに記され、ライバルの船もみな情報を共有していました。

その中で明神さんは、ほかの船とはまったくちがう漁場を開拓し、みんなの度肝をぬいてきたのです。

「同じ場所に船がおりすぎたら、いすとりゲームやないけど、限られた群れ数をこなしていかないかんきね。ほんじゃき、ぼくはあんまり船が多いところは避ける。どっかほかに、おるかもわからんやん」

人のいないところへ行けば、たくさん釣れるというわけです。

東の空に太陽がのぼってきました。水平線が真っ赤に染まっています。

船員が3人、船の舳先で、8キロ先まで見渡せる双眼鏡をのぞきながら、カツオの群れがつくる海面の泡立ちや渦を探しています。

衛星画像を見ていた明神さんは、しきりに海水温を気にしはじめました。

「船はいま、水温24度の近くを通りゆうが。ねらいは、24度の近くの、23度から22度に下がる境目」

海水温の境目はプランクトンが発生しやすく、小魚が集まります。それを食べにカツオもやってくる可能性が高いのです。

そして、ついに小魚を食べている海鳥の群れを見つけました。明神さんは、直前までここにカツオがいたとにらみました。

明神さんは、船を大きく蛇行させはじめました。潮の境目をていねいに走り、カツオを探します。

そのとき、潮流計に変化があらわれました。海には、海水の流れ（潮）がいくつもありますが、少し前の時間よりその流れのスピードが下がっています。海水の流れが複雑にぶつかりあう中で、わずかに流れがゆるむ地点。カツオはこうした地点に一時的にたまるという、明神さん独特の発想です。

「潮流が止まった」

明神さんがそう口にしたとき、ソナーにカツオの群れらしき反応が出ました。

「左舷へ回った」

明神さんが船員に指示します。船の左側に、その反応が動いたと伝えたのです。

船員は、カツオのエサになるイワシを大量に海にまきはじめました。それは、あちこちの港で分けてもらった、とびきり極上のイワシです。これでカツオの群れを引き寄せるのです。

そのときです。

「わいたぞ！　わいた！　わいた！」

「上がってきた！　上がってきた！」

船員たちが興奮してさけびました。イワシにつられて、カツオの群れが水面へとわいてきたのです。

ついに、特大のカツオの群れがあらわれました。まるまると肥えた上物です。

船員たちは、すでに手に長いさおをもっていて、左舷の釣台に上がると、それを

さおをふり上げ次々と釣ったカツオを甲板台に落とす、カツオの一本釣り。

いっせいに海へ投げ入れました。

さおには「疑似餌」とよばれるにせもののエサがついています。カツオは、その疑似餌をイワシと思って食いつきます。その瞬間、さおを勢いよくふり上げて、船の中にカツオをひき上げるのです。さおがしなり、カツオが自分の後ろへ回ると、船員は糸をゆるませます。するとカツオは自然と針から外れるのです。これが「一本釣り」とよばれるカツオ漁の技。

「いけ！　おるぞ！」

船からは、海へ向かって勢いよく水がまかれ、しぶきのたつ海面は、まるでイワシの群れが大騒ぎをしているよう。それも、カツオをあざむくくふうです。

船員たちは、さおをしならせカツオを釣りまくります。さおをふり上げると、釣り上げられたカツオは身をよじりながら空を舞い、太陽の光を受けてキラキラと輝きます。そして船員の頭の上にくると、糸のゆるみで自然と針からはずれ、船内の中央にある甲板台に落ちるのです。

バーン！　バーン！

地ひびきのような大きな音をたてて、カツオが甲板台に落ちていきます。大きなものでは1匹10キロにもなるカツオを、船員たちは2時間も釣り続けることがあるのです。

この漁法は、カツオが警戒しはじめるまでが勝負です。

釣っているときは船員総出で一気に釣り上げます。さおを入れればすぐに食いつき、まさに入れ食い状態です。

「ハハハ、楽しいやろ」

明神さんのねらいは、ずばり的中しました。

ほかの船がまったくいない海域で、18トンものカツオを釣り上げたのです。

「気持ちいい！　いい汗かいた！」
船員も、うれしくてたまらないという笑顔でした。

夜がきました。月明かりが、海にひと筋の道を照らしています。
明神さんは自分の部屋にこもって、その日の漁をふりかえっていました。
なぜ、カツオがあの海域にあらわれたのか。水温や潮の流れなど、今日のデータをすべてあらい出し、納得するまで分析するのです。
「なんか理由があるがやない、やっぱり。水質とか、海の色とか……」
そして、明神さんはこう思っていました。

わからんき、おもしろいがよ

「小さいときに、機械がどんななっちゅうがやろって、分解したことあるやろ。それといっしょやないやろかね。この海、どんななっちゅうがやろっていう、好奇心。わからないから、わかろうとする」

2か月に1度の休日も、船の中で次の戦略を練る明神さん。

明神さんはその晩もおそくまでデータを見て、考え続けていました。

✳あんたは、あんたやけん

7月11日。高知の港を出て5か月。明神さんの船は、宮城県の気仙沼に入港しました。

2か月に1度の休日です。船員たちは、みな陸へおりて街にくり出します。歯医者へ行く人、散髪に行く人、みな思い思いにすごします。

でも明神さんは、ひとりで船にのこっていました。アイスを食べながら、次の漁の戦略を練っていたのです。

その読みで、日本一の水揚げを記録する明神さん。でも、明神さんならではのやり方が生みだされたかげには、苦しみぬいた、どん底の日々があったのです。

＊＊＊

明神さんの家は、一族そろってカツオ漁師。父の三郎さんは、水揚げ日本一を6回もなしとげた名漁労長でした。明神さんは、勉強が得意で地元の進学校に進んでいましたが、三郎さんの強い説得もあり、漁師の道を選びます。明神さん自身も船が大好きだったのです。

間もなく三郎さんのもとで下積み生活をはじめた明神さん。しかし、明神さんには、ほかの船員とはちがう宿命がありました。それは、将来漁船を率いるリーダーになること。明神家には代々漁労長を継ぐ習わしがあり、明神さんもいずれは父の船を継ぐことになっていたのです。

結婚して間もない30歳のとき、明神さんはついに三郎さんから告げられました。

「漁労長をおまえにゆずる」

三郎さんの船には腕利きの漁師がそろっていたので、明神さんには、なんとかやれるという自信がありました。

ところが、補佐役の父と次はどこで漁をするかと話をするたび、判断の甘さを指摘されたのです。

「その程度の読みでみんなを食わせられるか！」

「20人の船員が乗っちょったら、20人だけやない。家族があるき。100人の生活が、お前の肩にかかっちょるき。肝にめいじろ」

努力も覚悟も足りないと、しかられ続けたのです。

それでも明神さんは、3年目に独り立ちしました。しかしすぐに、明神さんは、リーダーとして致命的な欠点を見せました。

カツオ漁は、ほかの船との争奪戦です。同じ漁場でカツオをうばい合い、たくさん釣ったほうが勝ち。ところが明神さんは人一倍おっとりした性格で、ほかの船にカツオをさらわれ続けたのです。

船には最高の漁師がそろっているのに、とれるカツオの量がのびません。

ある日、明神さんは船員に言われました。

「おまんは、漁労長らしくないの」

父の三郎さんは豪快な人柄で、船員をぐいぐいひっぱっていた人です。明神さんは、そんな父とまるでちがう自分が情けなくてたまりませんでした。

悩む明神さんに、妻のめぐみさんは楽しい話をたくさんして笑わせました。そして、こう言ったのです。

「落ちこんでたら、負のオーラが船全体をおおうけん。いつも笑って楽しいことを考えとったら、カツオもよってくるけん。元気出して」

それでも漁の結果は金額に出ます。その年の水揚げ高は、前年からなんと1億円以上も下がったのです。それは船員の給料にそのままはねかえり、ひとりの年間の給料を、100万円以上もへらしてしまったのです。

すると、父の代からのベテラン船員たちが、次々とほかの船に移っていきました。カツオ漁師の世界には、きびしいルールがあります。ほかにもっとかせげる船があ

船員をぐいぐいひっぱるタイプの父（右）と船に乗る明神さん（左）。

るなら、自由に船を移ることができるのです。

「釣らないかん。釣らないかん……」

漁師たちがほかの船に行かないよう、とにかく釣らなくちゃダメだ。釣ってお金にしなければいけないと、明神さんはずっと思い続けていました。

日本一だった船から腕のいい漁師たちがぬけていったというううわさは、妻のめぐみさんの耳にも入りました。家では何も言わない夫に、めぐみさんはくり返しある言葉をかけました。

「あんたは、あんたやけん。まわりの人がなんて言おうと、わたしら家族は最後まで味方やけん。応援しよるけん。やけん自分が思う通りやったらいい」

明神さんは、そのことばを胸に、翌年、自分だけのやり方をつきつめようと決めました。

それは、苦手とする争奪戦をさけ、ほかのだれも目を向けない海域を開拓することでした。そのために、睡眠時間をけずって、潮の流れや海水温などだれにも負けないだけの情報を集め、徹底的にデータを分析しました。

でも、カツオの群れは見つかりません。読みがはずれるたびにひとり負け。1日50万円の燃料代がむだに消えていきました。

明神さんは、のしかかる重圧の中、それでも考えました。

「なぜだめだったのか……」

そしてまた情報を分析し、別の海域を探しました。

それをくり返していたある日のこと。明神さんは、カツオの大群を発見したのです。その海域には、ほかの船は一隻もいません。

明神さんはみごとにその群れを独占し、すさまじい大漁をなしとげました。

そのとき明神さんは、昔から船に乗っている船員がこうつぶやくのを聞きました。

「あいつ、案外やるかもしれん」

ほっとした明神さんに、強烈なうれしさがこみ上げました。

「釣れた。やっぱ釣れた！」

この年、明神さんは、全国2位の水揚げを記録したのです。

周囲に流されず、自分の信じた道を行く。その信念は、このときゆるぎないものとなりました。

いま、明神さんの船に乗る船員は、こう言っています。

「ぼくらもあちこち船乗ったけど、あんなおだやかな船頭はおらんぞ。なんでも集中してまじめながよ」

「船頭いうたら、あれしろーっておこるのが船頭タイプやけど、ここの船頭はぜんぜんそんなことない。やさしいわな」

明神さんは、自分の性格に向いた自分だけの漁のしかたを見つけ、父に負けない漁労長になったのです。

✳8月の大勝負

２０１４年８月１日、明神丸は、宮城県気仙沼沖４５０キロにいました。

明神さんはその年、カツオ漁に異変を感じていました。見つかる群れは、なぜか小さなものばかり。しかも、エサに食いつかないのです。ニュースでも、カツオの水揚げが平年の10分の１だと、報じられていました。

明神さんの船の水揚げも、７月までの合計で４億２００万円。去年の２０１３年の同じ時期より４５００万円少なくなっています。

でも、これからがチャンスです。ここからお盆までの３週間、カツオ漁の最盛期が続きます。不漁なので、その年はカツオの値段がはね上がる可能性もあり、一番のかせぎどきになります。

「３週間やろ。１週間に１３００万ずつ揚げたら、３９００万や」

明神さんは、３週間で一挙に４０００万円を手にし、水揚げ量のトップに立つことを目標に定めました。

ところが、いきなりアクシデントに見まわれました。

「いかんわ。3番の水槽で、イワシが死んだ」

船員の声に、明神さんはおどろいて、操縦席からかけつけます。

猛暑の影響で、水槽に入れていたカツオのエサのイワシが大量に死んだのです。

まだほかの水槽にイワシはのこっていましたが、3週間の漁を考えるとぎりぎりの数です。のこりのエサで短期決戦に挑むしかありません。

ところが、見つかったカツオの群れは、またも小さいものでした。

「だめやねー。びっくりするぐらい小群れで、びっくりするくらい食わん。ダメだ、こりゃ」

明神さんは漁場を変えましたが、そこにはすでにほかの船がいました。それも、巻き網漁船です。網で魚をとらえて、一度に150トンも魚を揚げる船でした。そんな漁のあとでは、大漁は期待できません。

最初の1週間は、目標をはるかに下回る370万円の水揚げでした。

レーダーをじっと見つめ、カツオの群れのようすを見守る明神さん。

2週目。明神丸は、青森県八戸沖700キロを航海していました。そこで明神さんは、ソナーに巨大なカツオの群れをとらえました。

久しぶりの大群ですが、なぜかまったくエサに食いつきません。

「いかんねぇ。おなかいっぱいながやない。作戦Bや」

明神さんは、持久戦に切りかえました。この群れをこのまま追跡し、カツオがおなかをへらすのをまつというのです。

昼食も弁当で済ませ、明神さんはレーダーからかたときも目を離しません。そうして群れを追いはじめ、14時間がたったときです。

「わいたぞ！　わいたぞ！」

ついにカツオが、まいたイワシに食いついたのです。

「釣れ、釣れ、釣れよ！」

船員たちは2時間さおをふり続け、16トンもカツオを釣り上げました。大漁です。

「明神の粘り勝ち、粘り勝ち」

船員もうれしそうに、明神さんをほめました。

ところが、そのカツオを切ってみると、脂がのりすぎています。脂がのりすぎるカツオは高く売れません。いったいどれだけの値がつくか、明神さんは心配しながら、港に船をつけました。

港では魚を切り、身の具合を見てカツオの値がつけられます。明神さんは1キロ500円を期待していましたが、結果は、半分の250円まで買いたたかれてしまいました。

2週目を終えて、水揚げ高はトータル1370万円。

目標金額の4000万円を大きく割りこんだまま。のこりはあと1週間になってしまいました。

漁労長の明神さんは、漁のすべての責任を背負います。かせぎが低ければ、船員はほかの船に乗りかえてしまうかもしれません。来年も同じ仲間でいられるか、それは今年のかせぎにかかっているのです。

船員たちは言います。

「水揚げが一番ということは、給料も一番ということやけん。みんな、家族のために一生懸命働きゆうがやき」

そして、明神さんを信じています。

「なんだかんだいって、最後に当てるでしょう？　安心はしてる」

自分に期待してくれている23人の船員と、その家族の生活をかけて、明神さんは最後の大勝負にのぞもうとしていました。

8月6日夜。大型の台風が日本に接近していました。それをさけるため、多くの船が青森県の八戸沖に集まっています。明神さんは、水温図を見ながら言いました。

「ほかの船はみんな、だいたいこのへんで釣りよった」

船の多くは、今日のカツオが釣れた地点に、明日も群れがあらわれると読んでいます。

でも明神さんは、潮と水温のデータをにらみ続け、意外な漁場にねらいを定めました。それは、今日釣れた位置から、250キロも南東の海域でした。

今日カツオがいたのはふたつの潮の境目。でも明日は、この潮の境目が南東へ動くので、それにあわせてカツオも移動すると読んだのです。

「潮が止まるところが、あるはずながやけどね」

読みが当たればひとり勝ちです。でもはずせば、ひとり負けになりかねません。

明神さんは自分に言い聞かせていました。

こわがるな、ドキドキして行け

「ええときも悪いときもあるがやけど、ドキドキしながら行くほうが、ええ群れがきそうやろ？」

こわいと感じたら、ドキドキして楽しもう。明神さんは、自分をそう勇気づけたのです。

夜が明けました。勝負の一日のはじまりです。

午前6時。明神さんの船は、ねらった海域、八戸沖1000キロに到着していました。はげしい雨が海面を打ち続けています。

本当に、カツオの群れはあらわれるのか。海鳥レーダーやソナーは、カツオの群れに反応しません。

それから6時間。ずっと双眼鏡を見続けている船員には、目のまわりにくっきりとあとがついています。つかれたようすで海面に目を向けていたそのとき、ソナーを見続けていた明神さんがつぶやきました。

「上がりゆうで」

明神さんの読みどおり、本当に群れがあらわれたのです。それは大群でした。船の先頭にいた船員は必死にイワシをまき、気づいた船員たちが大声を上げました。

「わいた！　わいた！　わいたぞ！」

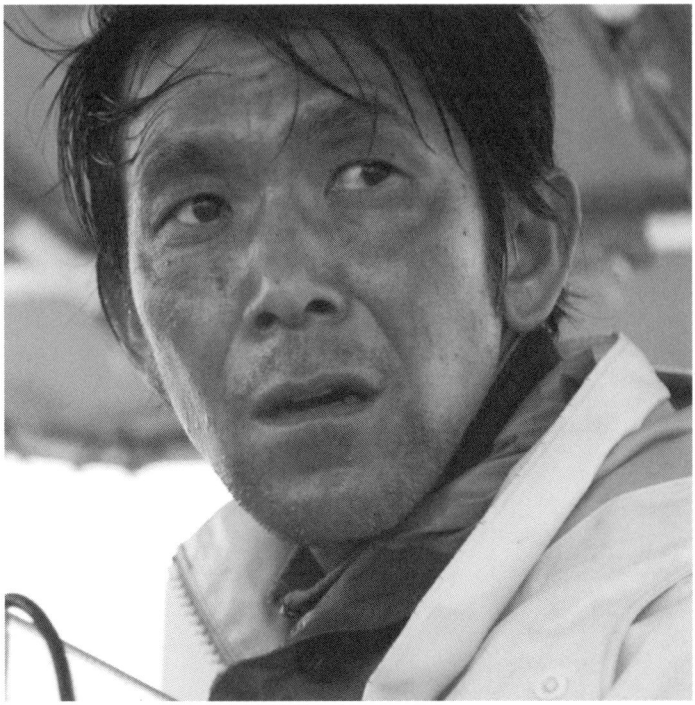

こわがるな、ドキドキして行け。そのほうが楽しめる。

船員たちは船の中を走り、左舷の釣台に上がるやいなや、さおをふりはじめました。明神さんも操縦席から飛びだし、さおをもってその列に加わります。

「表行く！　表に群れが、かたまってるから！」

明神さんが立ち上がってさけびます。

こうして明神さんたちは、50分で9トンのカツオを釣り上げました。

操縦席にもどった明神さんは、ほかの群れも、この群れと同じように南下してくると読みました。

午後2時すぎ、

「来たよ！　来たよ！」

イワシをまく船員が大声でさけびました。

またもや明神さんの読みは的中したのです。だれもいない海域で、さらに15トンを釣り上げました。

そのとき、ほかの船から巨大な群れを発見したという無線が入りました。

目標達成のために、ここはあえて争奪戦に挑もう。そう決めた明神さんは、目の前の群れを捨てて、現場に船を急行させました。

午後4時40分。ついた海域には、群れを見つけたほかの船がいます。こちらとの距離はわずか100メートル。明神さんたちも、巨大な群れにさおをふりはじめました。

「もっとやれ！　もっとやれ！　もっとやれー！」

漁を終えたのは夕方6時半。この日釣ったカツオは、合計31トンにもなりました。年に一度あるかないかの大漁です。

「まあまあ。結果オーライやろ。結果オーライ」

明神さんは、そう言いながらも、満足はしていませんでした。ほかの船と競った群れがいいと思ったけれど、2つ目の群れを捨てずにあのままあそこにいたら、40トンくらいになっていただろうと反省していたのです。

2日後。気仙沼港に、明神さんたちが釣ったカツオが水揚げされました。

ついた値段は2600万円。最後の1週間を終えて、トータルは3999万円。

目標金額をほぼ達成。この時点で水揚げは日本一。それでも明神さんは、「あれが失敗したな～」と言い続けていました

1週間のお盆休み。第83佐賀明神丸は、一時解散となりました。船を下りた明神さんは、バスに乗って空港へ。半年ぶりに高知へ帰り、空港にはめぐみさんと子どもたちがまっていました。

これからまたしばらくは、「起きて、食べて、寝て」の生活です。でも、そんなのんびりした休日をすごしながらも、明神さんは次の航海へと思いをめぐらせています。

カツオとの闘いは11月末まで。大自然を相手にした命がけの知恵くらべは、まだまだ続くのです。

※第83佐賀明神丸は、その後、2013年から2017年まで、5年連続日本一の水揚げ高を記録しました。

プロフェッショナルとは

その仕事が好きで好きでたまらない
人やないが。それだけのめりこめるやろ。
中途半端に好きな人にあんまり
プロフェッショナルな人はおらんと
思うけどね。

第244回2014年11月10日放送

こんなところがプロフェッショナル！

漁獲高日本一の第83佐賀明神丸の漁労長、明神学武さん。こんなところがすごいよ！

自分のやり方で船員たちをひっぱる

カツオ漁は、ほかの船との争奪戦。命がけで勝負する船員たちをとりまとめる漁労長は、大声で豪快に船員たちをひっぱります。でも、明神さんはいつもやさしくおだやか。ほかの人にはまねできない頭脳戦で、なんども水揚げ日本一の実績をのこし、船員たちをひっぱっているのです。

家にいるときはお参りを欠かさない

明神さんが自宅にいるのは1年のうち2か月。そのあいだは、毎日複数のお寺や神社にお参りに行くそうです。次の航海の安全と大漁を祈ります。

夜になっても仕事は終わらない

大漁だった日の夜、船員たちがゆっくり休んでいても、明神さんの仕事は終わりません。どうしてあの海域にカツオの群れがいたのか、自室にこもってデータをあらい出し、納得するまで分析を続けます。

なぜダメだったかを考える

最初は分析したデータでカツオの群れを予測しても、読みがはずれてひとり負けだった明神さん。でも明神さんはあきらめず、なぜダメだったのかを考え、データを分析し続けました。

プロフェッショナルの格言

天才カツオ漁師の明神学武さんのことばを心にきざもう。

わからんき、おもしろがよ

どんなに海のデータを分析しても、わからないことだらけだと語る明神さん。子どもの頃、機械の中がどうなっているかわからず分解したのと同じ。わからないから、わかろうとするのがおもしろいと言います。

すきなことやき、つかれんね

船が港に停泊し、船員が陸でつかの間の休みをとっていても、明神さんは船にのこってデータ分析。休まなくても、好きなことだから、それだけ集中できるから、つかれないそうです。

こわがるな、ドキドキして行け

船員の命や給料などが、明神さんの判断ひとつにかかっています。そんな重圧の中で結果をだし続けるために、つねに自分に言い聞かせているのがこのことば。自分が納得するまで徹底的に準備をした上でのことばです。

NHK
プロフェッショナル
仕事の流儀

■ 執　筆　金田妙
■ 編集協力　株式会社 NHK出版
■ デザイン・レイアウト　有限会社チャダル
■ イラスト　門司美恵子
■ 協　力　NPO法人 森は海の恋人、明神水産株式会社
■ 写真協力　NPO法人 森は海の恋人
■ 校　正　田川多美恵
■ 編　集　株式会社アルバ

■ カバーイラスト　usi

NHK プロフェッショナル 仕事の流儀 6
食をささえるプロフェッショナル

発　行　2018年4月　第1刷

編　者　NHK「プロフェッショナル」制作班

発行者　長谷川 均
編　集　崎山貴弘
発行所　株式会社ポプラ社
〒160-8565　東京都新宿区大京町 22-1
振　替：00140-3-149271
電　話：03-3357-2212（営業）
03-3357-2635（編集）

ホームページ　www.poplar.co.jp
印刷・製本　中央精版印刷株式会社
©NHK
N.D.C.916/191 P /20cm　ISBN 978-4-591-15762-6
Printed in Japan

落丁本・乱丁本は、送料小社負担でお取り替えいたします。小社製作部宛にご連絡ください。電話：0120-666-553　受付時間：月～金曜日、9：00～17：00（祝日・休日は除く）。本書のコピー、スキャン、デジタル化等の無断複製は著作権法上での例外を除き、禁じられています。本書を代行業者等の第三者に依頼してスキャンやデジタル化することは、たとえ個人や家庭内での利用であっても著作権法上認められておりません。

NHK

プロフェッショナル

仕事の流儀

編：NHK「プロフェッショナル」制作班

全8巻
小学校高学年以上
N.D.C.916
四六判

仕事にかけるプロフェッショナルたちを紹介

1 革新をもとめるプロフェッショナル

自動車整備士・小山明、小山博久／引っ越し作業員・伊藤秀男／ビル清掃・新津春子／クリーニング師・古田武／義肢装具士・臼井二美男

2 技をきわめるプロフェッショナル

パン職人・竹内久典／ぎょう鉄職人・葛原幸一／時計職人・松浦敬一／うなぎ職人・金本兼次郎／そば打ち職人・高橋邦弘

3 創造するプロフェッショナル

発明家・道脇裕／ロボット研究・山海嘉之／工学博士・國中均／町工場経営者・竹内宏／フィギュアメーカー社長・宮脇修一

4 命と向きあうプロフェッショナル

助産師・神谷整子／小児外科医・山高篤行／ウイルス学者・髙田礼人／介護福祉士・和田行男／獣医師・蓮岡元一

5 くらしをささえるプロフェッショナル

鉄道ダイヤ作成・牛田貢平／クレーン運転士・上坪茂／保育士・野島千恵子／水道技術者・笑喜久文／地方公務員・寺本英仁／困窮者支援・奥田知志

6 食をささえるプロフェッショナル

りんご農家・木村秋則／ 肉牛農家・鎌田秀利 ／カキ養殖・畠山重篤／チーズ農家・吉田全作／カツオ漁師・明神学武

7 表現するプロフェッショナル

バイオリニスト・五嶋みどり／狂言師・野村萬斎／ガーデンデザイナー・ポール・スミザー／バスガイド・崎原真弓／書体デザイナー・藤田重信

8 信念をつらぬくプロフェッショナル

プロサッカー監督・森保一／囲碁棋士・井山裕太／恐竜学者・小林快次／歯科医・熊谷崇／建築家・大島芳彦